살아 있는
박물관

DK SMITHSONIAN

살아 있는
박물관

DK 『살아 있는 박물관』 편집위원회 지음 | 이한음 옮김

비룡소

지은이 DK『살아 있는 박물관』 편집위원회
편집 | 어맨더 와이엇, 알렉산드라 디 팔코, 벤 프랭컨 데이비스
디자인 | 재키 스원, 애나 폰드
집필 | 벤 프랭컨 데이비스, S. l. 마틴
자문 | 제니 피스텔라
도판 조사 | 리즈 무어, 조 월튼, 세라 호퍼
일러스트 | 필립 해리스
편집 주간 | 리사 길레스피
미술 편집 주간 | 오언 페이턴 존스
제작 | 질리언 리드
표지 디자인 | 야키코 카토
발행 | 앤드루 매킨타이어
아트 디렉터 | 캐런 셀프
어소시에이트 퍼블리싱 디렉터 | 리즈 휠러
퍼블리싱 디렉터 | 조너선 멧캐프

옮긴이 이한음
서울대학교 생물학과를 졸업했고,
지금은 과학 저술가이자 전문 번역가로 일하고 있다.

살아 있는 박물관

1판 1쇄 찍음 2021년 4월 30일 1판 1쇄 펴냄 2021년 6월 30일

지은이 DK『살아 있는 박물관』 편집위원회
옮긴이 이한음 **펴낸이** 박상희 **편집주간** 박지은 **편집** 김지호 **디자인** 정다울
펴낸곳 ㈜비룡소 **출판등록** 1994.3.17.(제16-849호)
주소 06027 서울시 강남구 도산대로1길 62 강남출판문화센터 4층
전화 영업 02)515-2000 팩스 02)515-2007 편집 02)3443-4318,9 **홈페이지** www.bir.co.kr
제품명 어린이용 각양장 도서 **제조자명** RR Donnelley Asia Printing Solutions
제조국명 중국 **사용연령** 3세 이상

Original Title: Behind the Scenes at the Museum
First published in Great Britain in 2020 by
Dorling Kindersley Limited
One Embassy Gardens, 8 Viaduct Gardens, London, SW11 7BW

Copyright © Dorling Kindersley Limited, 2020
A Penguin Random House Company
All rights reserved.

Korean Translation Copyright © 2021 by BIR Publishing Co., Ltd.
This Korean translation edition is published by arrangement with
Dorling Kindersley Limited, London.

이 책의 한국어판 저작권은 저작권사와 독점 계약한 ㈜비룡소에 있습니다.
저작권법에 의해 한국 내에서 보호를 받는 저작물이므로 무단 전재와 무단 복제를 금합니다.

ISBN 978-89-491-8187-5 74060/ ISBN 978-89-491-5290-5 (세트)

For the curious
www.dk.com

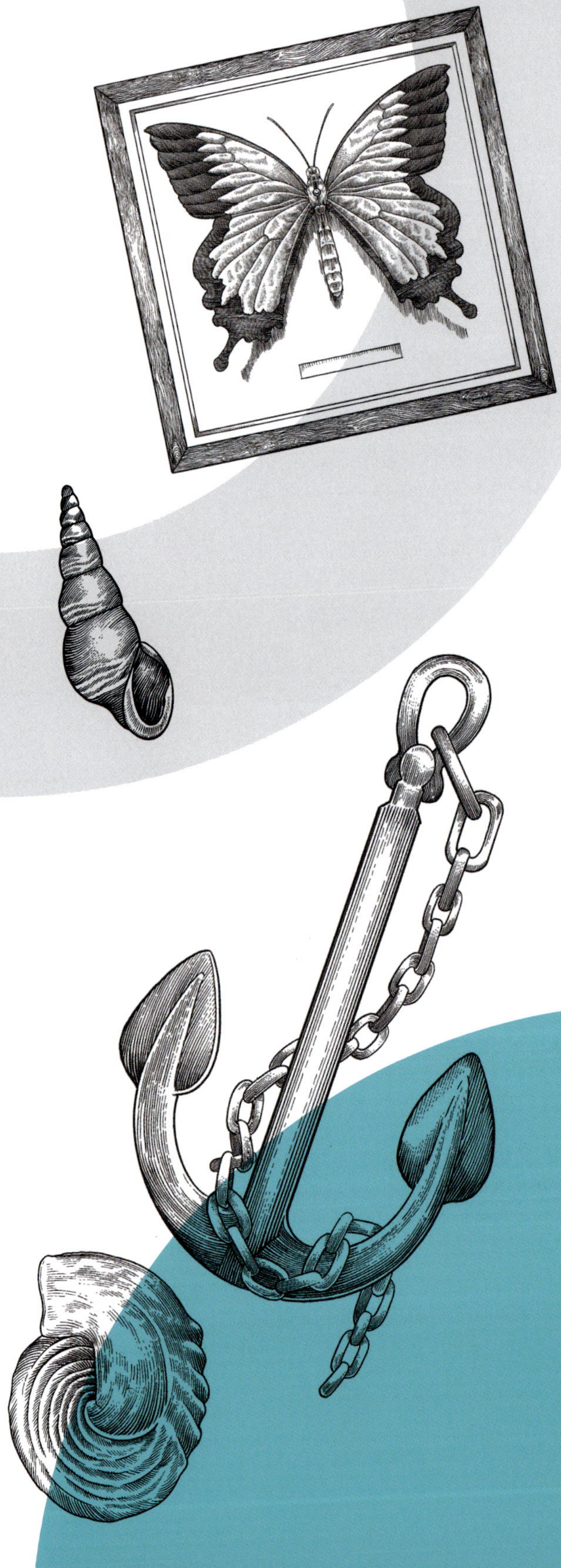

차례

1

보물 창고

- 10 박물관이란 무엇일까?
- 12 경이의 방
- 14 소장품이란 무엇일까?
- 16 박물관의 종류
- 18 박물관의 부서들

2

역사를 발굴하는 일

- 22 고고학자
- 24 병마용갱
- 28 얼어붙은 말
- 30 가라앉은 보물
- 34 고대 조각상
- 36 베냉 청동 유물
- 38 대형 박물관
- 40 매머드 발굴
- 42 표본 사냥꾼
- 44 거대한 팻버그

3

과거를 분류하는 일

- **48** 유물 관리자
- **50** 표본에 라벨 붙이기
- **52** 탄소 연대 측정
- **54** 사람의 유해
- **56** 호프 다이아몬드
- **58** 전시된 연구실
- **60** 엑스선 관찰
- **62** 마리 퀴리의 일지
- **64** 병에 담긴 메시지
- **68** 펭귄을 보존하는 법
- **72** 나비 표본 서랍장
- **74** 창고에 보관된 뼈
- **76** 군용 물품 창고
- **78** 색다른 박물관

4

역사를 지키는 일

- **82** 보존 처리사
- **84** 달에 간 최초의 우주복
- **88** 메리로즈호 인양
- **92** 녹슨 대포 복원 작업
- **94** 여성 참정권 스크랩북 보수
- **96** 탐욕스러운 벌레들
- **98** 성조기, 미국의 국기
- **100** 오세베르그 배
- **102** 사무라이 갑옷
- **104** 작은 박물관
- **106** 소장품 청소와 세척
- **108** 파라오의 가면 수리
- **110** 석상 복원
- **112** 로자 파크스의 항의

5

연구하고 재현하는 일

116 얼굴 복원

118 진짜 색깔

120 서튼 후 헬멧

122 모자이크화 복제하기

124 라스코 동굴

126 공룡 만들기

6

보여 주고 알려 주는 일

130 학예사

132 안네 프랑크의 일기

134 전시 기획

138 하이에나의 집

140 트릭스, 티렉스

144 보안 요원

146 보석 도둑

148 건물이 멋진 박물관

150 전시물 청소

152 람세스 옮기기

154 우주 왕복선 옮기기

156 용어 설명

158 찾아보기

160 자료 제공 및 도판 목록

보물 창고

박물관은 과거와 현재를 보존하고 지식을 모으는 일을 한다. 찾아오는 모든 사람에게 그 지식을 흥미롭게 설명하고자 노력하는 곳이다. 과학과 자연사 같은 큰 주제를 다루는 곳부터 아주 작은 미니어처 책과 화장실 같은 색다른 주제를 다루는 곳까지, 박물관은 규모와 모습이 제각각이다. 박물관을 운영하려면 할 일이 많다. 많으면 수백 명에 달하는 아주 다양한 전문 분야의 사람들이 인공물과 자연물 표본을 수집하고, 복원하고, 돌보는 일을 한다. 인공물은 인간이 만든 역사적 물건이고, 표본은 과학 연구를 위해 채집한 동물, 식물, 광물이다. 인공물 중에서 조상들이 남긴 것을 유물이라고 한다. 모은 유물과 표본은 전시되기도 하며, 관람객들은 전시물을 보면서 감탄한다.

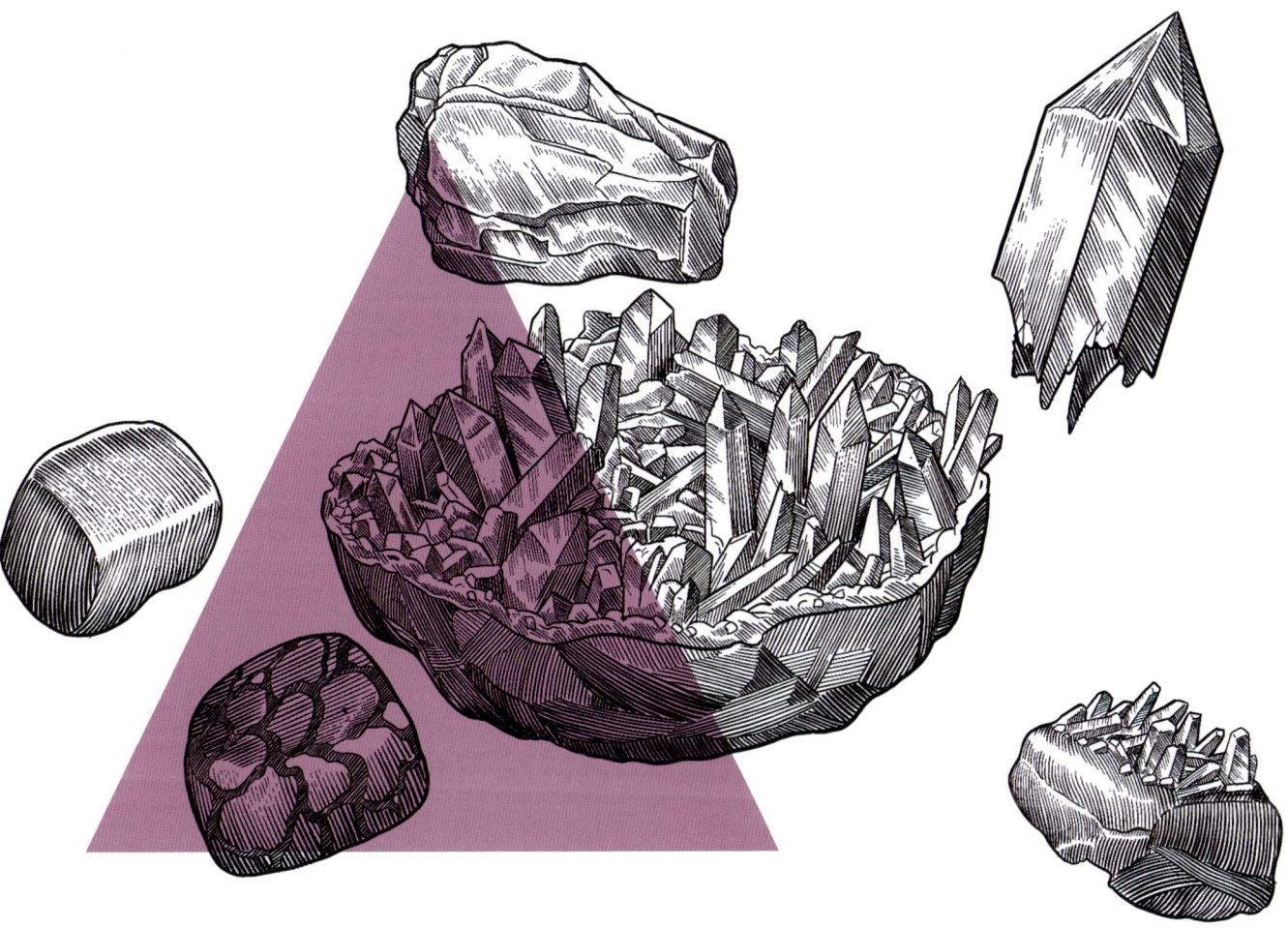

박물관이란 무엇일까?

박물관은 단순히 먼지가 앉은 오래된 물건들로 가득한 건물만이 아니라, 인간과 우리 행성의 온갖 이야기를 들려주는 곳이다. 엄청나게 많은 인공물(사람이 만든 물건)과 표본(동물, 식물, 광물 같은 자연물)을 지키고 보전하는 곳이다. 박물관 연구자들은 이렇게 모아 둔 물건들을 조사해 많은 사실을 알아낸다. 그리고 그렇게 얻은 지식을 다른 사람들, 즉 우리에게 전달한다.

▼ **매혹적인 전시**

이탈리아 트렌토 과학관의 모든 층에서 다 볼 수 있으며, 관람객의 시선을 사로잡는 이 동물 전시회는 자연사를 생생하게 보여 준다. 박물관의 흥미로운 소장품들을 전시함으로써 관람객에게 경이로움을 안겨 준다.

왜 그렇게 할까?

전 세계의 박물관에서 많은 사람들이 소장품을 돌보는 일을 하고 있다. 소장품 중에서 부서지기 쉬운 것들을 관리하려면 많은 시간과 끈기가 필요하다. 그런데 왜 그렇게 소중히 관리할까?

이거 아니?
전 세계에 5만 5,000개 넘는 박물관이 있다.

과거를 알기 위해서
박물관은 놀라운 소장품들을 우리에게 보여 준다. 선사 시대의 암석과 화석부터 우리 조상들이 옛날에 어떻게 살았는지를 보여 주는 유물에 이르기까지, 다양한 소장품들을 통해서 우리 행성과 인류의 역사를 알려 준다.

약 2,000년 전에 중국에서 만들어진 이 옥으로 된 수의는 박물관의 보존 기술 덕분에 아주 좋은 상태로 유지되고 있다.

옥으로 만든 수의

역사를 보존하기 위해서
박물관은 역사적으로 중요한 예술품이나 문화, 과학, 기술의 발전을 나타내는 소장품들을 관리한다. 박물관 소장품은 인류가 지난 세월 동안 기울인 노력의 기록물이자, 조상들이 우리가 사는 세상을 어떻게 바꾸어 왔는지를 미래 세대에게 보여 주는 역할을 한다.

이 삼륜차는 세계 최초의 자동차다.

벤츠 파텐트모토바겐

기증
박물관에는 아주 개인적인 물품도 있다. 이 사진들을 비롯한 물품들은 제2차 세계 대전 생존자들의 가족들이 폴란드 바르샤바 민중 봉기 박물관에 기증한 것들이다.

미래를 위한 연구에 필요해서
많은 박물관은 연구 중심지이기도 하다. 과학자와 역사가는 오른쪽 사진처럼 호박에 보존된 고대 곤충 같은 표본들을 연구해서 지구의 역사를 더 많이 알아낸다. 새로운 지식은 미래에 어떤 일이 일어날지 예측하는 데 도움을 줄 수 있다.

이 곤충은 나무즙에 갇혔다가 그대로 함께 굳었다.

호박은 나무즙(수액)이 굳은 것이다.

호박에 든 곤충

경이의 방

16세기 유럽의 귀족들, 그중에서도 힘 있는 상류층 사이에서는 '경이의 방' 또는 '신기한 물건들의 방'이라는 개인 수집품을 모아 놓은 방이 유행했다. 부유한 사람들끼리 자신이 꾸린 '경이의 방'으로 서로 초대해서 구경시키곤 했다. 이런 방에는 색다른 인공물뿐 아니라, 동식물과 광물도 가득했다. 과학이나 역사를 연구하기 위해 수집한 것들도 있고, 단순히 소유자가 흥미를 느껴서 모아놓은 물품들도 있었다. 이렇게 모인 개인 수집품 중 상당수는 18~19세기에 문을 연 박물관들의 토대가 되었다.

움직이는 기계
이 기계인형은 몸을 앞으로 숙여서 물건을 집을 수 있었다.

신기한 물건들의 방
올레 보름은 17세기 덴마크의 의사이자 수집가였다. 무제이 보르미아니(Musei Wormiani)라는 이름으로 알려지기도 한, 보름의 '신기한 물건들의 방'에는 인공물, 동물 박제, 화석, 뼈대, 보석, 말린 식물 등 놀라운 것이 많이 있었다. 보름은 각 물품의 출처와 추정 연대를 꼼꼼히 기록했다.

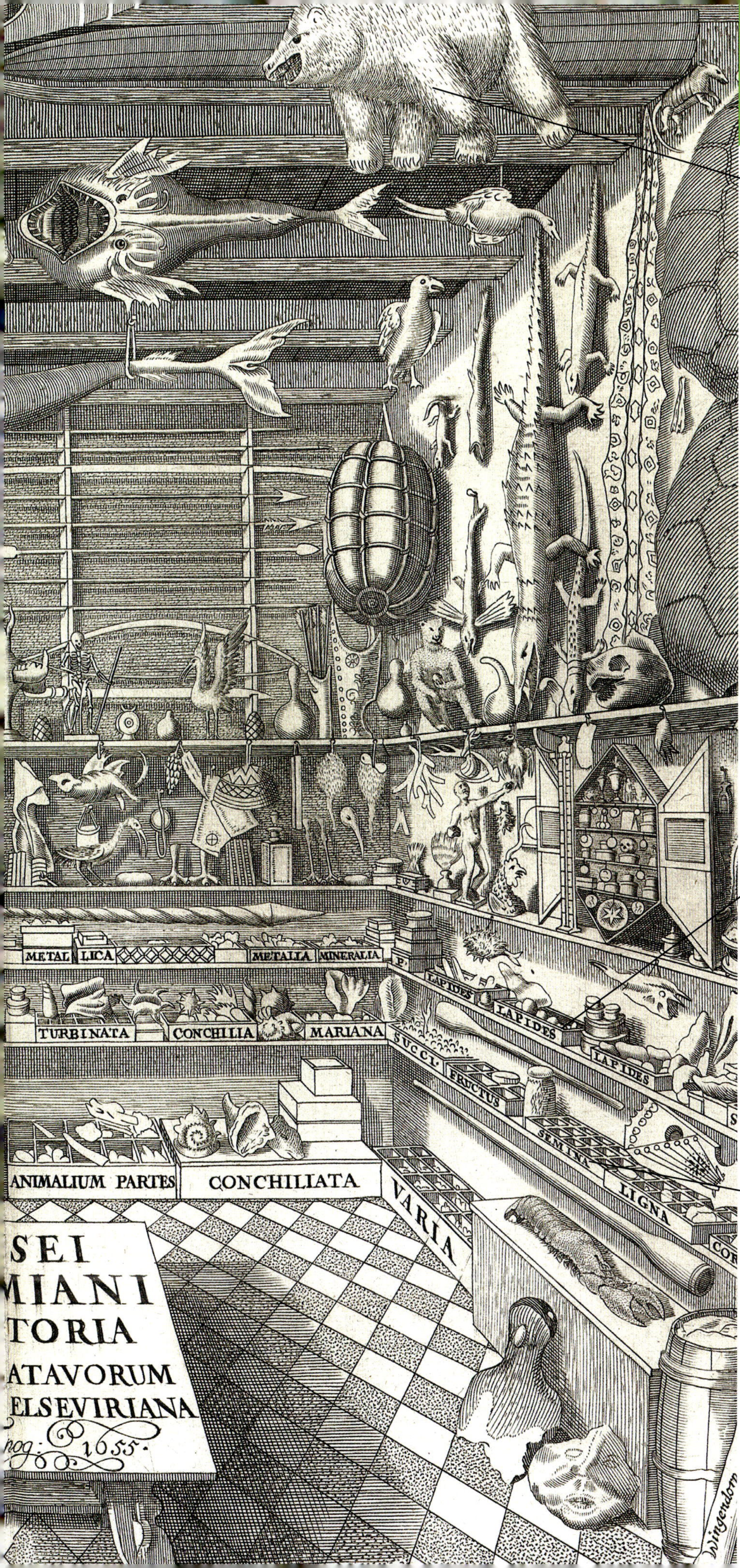

북극 지방의 동물
천장의 카약 옆에 매달려 있는 북극곰은 보름이 북극 지방과 그곳에 사는 사람과 동물에 관심이 있었음을 보여 준다.

초기 지질학
보름은 많은 보석과 광물을 수집했다. 나중에 지질학자들이 보름이 모아 둔 표본들을 연구했다.

씨와 말린 식물
보름은 씨와 말린 식물을 어디에서 채집했는지 꼼꼼히 적어 두었다.

소장품이란 무엇일까?

박물관이 관리하는 물품들을 소장품이라고 한다. 박물관 소장품은 수천 점에서, 심지어 수백만 점에 달할 수도 있다. 그래서 한 번에 조금씩 일부만 공개 전시할 수 있다. 나머지는 다른 박물관에 빌려주거나, 연구하고 조사하는 데에 쓰거나, 따로 보관한다. 오른쪽 사진에 보이는 것은 스미스소니언 국립 자연사 박물관의 인류학과 소장품으로 전 세계의 옷, 장난감, 장식물 같은 문화 유물이다. 미국 메릴랜드주에 위치한 박물관의 수장고 서랍에 보관되어 있다.

빼곡한 전시물

소장품을 따로 보관하는 대신에 최대한 빼곡하게 많이 전시하려는 박물관도 있다. 이탈리아 파르마 인근의 에토레 과텔리 박물관은 농기구에서 시계, 통조림, 유리병에 이르기까지 일상생활에 쓰는 물건을 6만 점 이상 모아서 멋지게 전시하고 있다.

박물관의 종류

세계의 박물관들에는 우리가 상상할 수 있는 거의 모든 물품들이 있다. 여러분이 무엇에 관심이 있든 간에, 그 호기심을 충족시킬 박물관을 어디에서든 한 곳쯤은 찾을 수 있을 것이 거의 확실하다. 어느 한 분야에 초점을 맞추는 박물관은 소장품을 관리하고 연구하고 여러 사람들에게 알리기 위해서 그 분야의 전문가를 고용한다. 전 세계에서 찾을 수 있는 다양한 박물관 중 몇 가지만 골라 종류를 살펴보자.

이 나비 표본은 독일의 베를린 자연사 박물관에 있다.

자연사 박물관

공룡부터 곤충에 이르기까지, 화석부터 운석에 이르기까지, 자연사 박물관에는 온갖 동물, 식물, 광물 표본이 있다. 또 자연사 박물관은 자연물을 채집하고, 목록을 작성하고, 조사하는 일을 하는 연구 기관이기도 하다. 소장품 중에는 아주 오래된 표본들도 많으며, 연구자는 그것들을 조사하여 지금의 우리 행성에 관해 더 많은 것을 알아낼 수 있다.

군사 박물관

군사 박물관은 전쟁의 역사와 경험을 생생하게 떠올리게 한다. 무기, 갑옷, 군복 등이 전시되어 있다. 고대의 전투부터 현대의 전쟁에 이르기까지, 전쟁터에서 싸운 군인들과 전쟁을 겪은 사람들의 이야기도 살펴볼 수 있다.

이 16세기 갑옷은 베를린의 독일 역사 박물관에 전시되어 있다.

사회사 박물관

민속 박물관은 사람과 사회가 예전에 어떻게 살았고 지금은 어떻게 살고 있는지를 자세히 보여 주는 물품들을 모은다. 옷감, 도구, 장난감뿐 아니라, 집 자체도 수집할 수 있다. 루마니아 시비우 인근의 아스트라 박물관은 전통 시골집들을 모아 놓았다. 전국의 다양한 주거 형태를 관람할 수 있다.

아스트라 박물관의 나무집들

역사 박물관

역사 박물관은 과거의 사람과 사건의 이야기를 담은 유물을 전시한다. 대륙 같은 드넓은 지역의 역사를 다루기도 하고, 한 마을과 같이 훨씬 더 작은 지역의 역사를 다루기도 한다. 또 역사의 어느 한 시기에 초점을 맞추기도 한다.

이 16세기 일장석 조각품은 멕시코 국립 인류학 박물관에 전시되어 있다.

폴란드 항공 박물관에 전시된 1930년대 폴란드 전투기

교통 박물관

비행기와 배부터 자동차와 기차에 이르기까지, 기술이 발전하면서 사람들이 어떻게 더 빠르고 더 값싸고 더 효율적으로 이동하게 되었는지를 보여 준다. 교통 박물관은 버려진 비행장, 차고, 역에 자리하곤 한다. 크라쿠프의 폴란드 항공 박물관은 버려진 공항에 세워졌다.

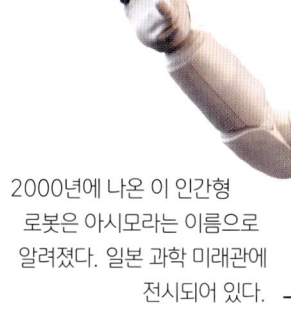

2000년에 나온 이 인간형 로봇은 아시모라는 이름으로 알려졌다. 일본 과학 미래관에 전시되어 있다.

과학 기술 박물관

과학 기술 박물관은 고대의 의료 도구부터 현대의 달 착륙선까지 사람들이 만들어 낸 놀라운 물품들을 수집한다. 과학적 발견의 성과물과 시대를 바꾼 발명품을 계속 모으는 곳이다.

그밖에 최고의 박물관들

▶해양 박물관

항해의 역사를 다루는 박물관이다. 항해, 배, 해적, 항해도와 관련된 물품들이 전시되어 있다.

▶디자인 박물관

디자인, 패션, 건축, 그래픽, 제품, 디지털 디자인 등 눈을 뗄 수 없는 디자인 작품들이 전시되어 있다.

▶가상 박물관

세계의 유명한 박물관들을 가상 공간을 통해서 가 볼 수 있다. 소장품을 디지털화한 영상, 음성, 문서를 온라인으로 공개하고 있다.

박물관의 부서들

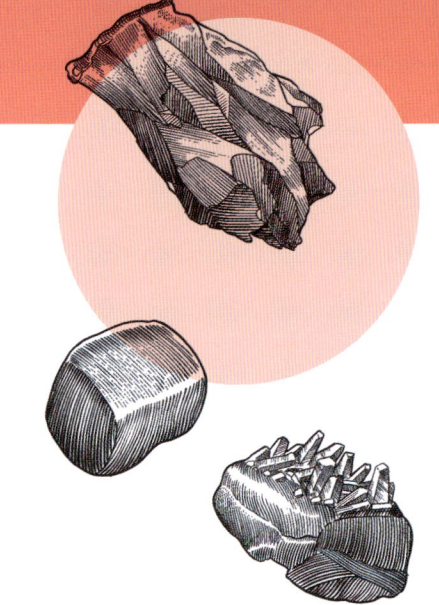

박물관에는 아주 다양한 분야의 전문가들이 일한다. 전시실 뒤편에서 일하는 모험심 많은 고고학자와 창의적인 학예사부터 신기해하는 관람객을 맞이하고 교육하는 일을 맡은 교육 담당자에 이르기까지, 호기심 많고 재능 있는 사람들의 노력이 없다면 박물관은 매일 문을 열 수가 없을 것이다.

고객 지원 부서

박물관에서 관람객을 맞이하고, 전시물에 관한 질문에 답하고, 안내하면서 설명하는 등 공개 전시와 관련된 모든 일은 고객 지원 부서가 맡는다. 관람객이 박물관에서 보고 접하는 모든 것을 이해하도록 돕는다. 이 친절한 직원들이 없다면, 박물관은 관람하기에 어려울 수 있으며, 박물관의 잠재력이 온전히 발휘되기가 불가능하다.

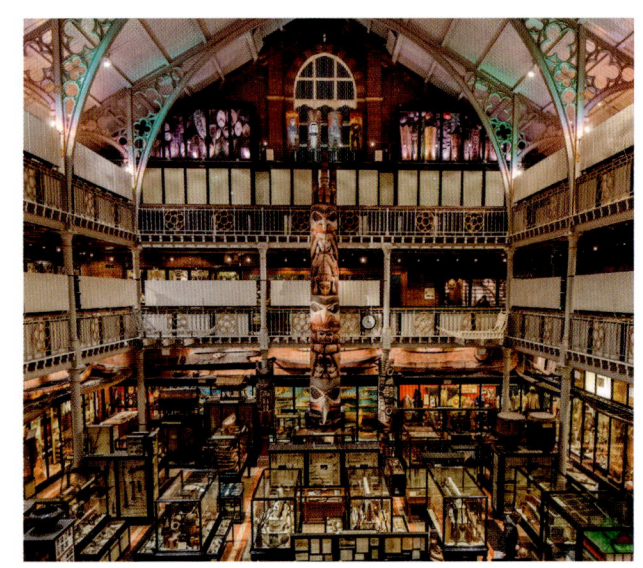

소장품 관리 부서

소장품 관리 부서는 가치 있지만 손상되기 쉬운 소장품들을 안전하게 보관하기 위해 노력한다. 소장품을 보관하고 전시하는 법을 조언하고, 다른 박물관에 빌려줄 소장품의 포장과 운송을 감독하고, 특정 소장품의 장기 보관 계획을 세심하게 세우는 일 등을 한다.

보존 부서

모든 유물과 표본, 특히 오래된 것들은 세심하게 보존해야 한다. 그렇지 않으면 상태가 너무 안 좋아져서 수리할 수도 없게 된다. 보존 처리사는 미래 세대가 계속 감상할 수 있도록 가능한 최상의 조건에서 소장품을 돌보고, 청소하고, 처리하고, 보존하는 일을 한다. 보존 처리사와 같이 고도로 훈련된 전문가들은 소장품을 훼손하지 않으면서 다루는 법을 배운다.

전시 담당 부서

학예사와 전시 부서는 때로 수백만 점에 달하는 박물관 소장품 중에서 무엇을 골라 어떻게 전시할지 선택하는 일을 한다. 관람객이 바라보는 전시물에 관한 흥미로운 정보를 더 많이 얻고, 더 쉽게 이해하고 즐기면서 관람할 수 있는 것은 전시 담당 부서의 전문가들이 전시물들을 아주 잘 배치한 덕분이다.

다른 부서들

그밖에 더 많은 부서들이 박물관이 잘 운영되도록 일하고 있다.

▶교육과 학습 부서

학생들의 단체 관람을 도울 뿐 아니라, 모든 연령의 관람객이 소장품을 더 잘 이해할 수 있도록 강좌, 교육 과정, 체험 수업, 워크숍 등을 마련한다.

▶홍보와 교류 부서

전시회를 열 때면, 전시 소식을 널리 알려서 가능한 많은 사람들이 관람할 수 있도록 노력한다.

▶행정 운영 부서

박물관을 매일 운영하는 일을 맡은 부서로서 자금 관리, 관람객의 안전, 청소, 보안 등을 맡는다.

▶촬영 부서

기록을 남기고 소장품의 시간별 변화를 추적하기 위해 사진사를 고용하여 촬영하는 박물관도 있다.

역사를 발굴하는 일

박물관은 이 많은 놀라운 인공물과 표본을 어떻게 모았을까? 개인에게 수집품을 기증받기도 하지만, 박물관 스스로 오랫동안 열심히 수집물을 찾아다녀야 한다. 고고학자들은 땅을 깊이 파고, 물속으로 잠수하고, 심지어 얼음으로 뒤덮인 지역을 돌아다니면서 세계 구석구석에 숨겨진 아주 작은 보물부터 고대 동물의 뼈대까지 탐색한다. 이렇게 찾은 것들 중에서 가장 흥미로우면서 흥분을 자아내는 것들이 전 세계의 박물관으로 간다. 관람객들은 그렇게 모인 것들을 감상하면서 많은 것을 배운다.

전시실 뒤편의 역할
고고학자

고고학자는 전 세계의 유적지에서 흙과 모래를 걷어 내고 땅속에 묻혀 있는 것을 조사한다. 집과 건축물 같은 유적과 매장물을 발굴한다. 묻혀 있던 유물과 유적의 구조는 옛 조상들의 삶을 알려주는 흥미로운 증거다. 고고학자들은 발굴하면서 그림을 그리고, 일지를 쓰고, 사진을 찍어서 유물과 유적의 정확한 위치와 보존 상태에 관한 정보를 기록한다.

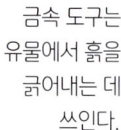

금속 도구는 유물에서 흙을 긁어내는 데 쓰인다.

고고학자의 도구
발굴은 몸을 많이 쓰는 힘든 일이지만, 대부분은 동시에 정밀 작업을 필요로 한다. 고고학자의 연장통에는 소중한 유물에서 꼼꼼하게 흙을 털어내는 작은 흙손과 붓도 들어 있다.

▲ **매장지 발굴**
페루의 한 유적지에서 고고학자가 1000~1450년경에 땅에 묻힌 사람의 유골, 토기, 직물 등을 발굴하고 있다.

항공 고고학

고고학자는 땅을 파기 전에 유적이 있을 만한 곳을 조사한다. 당연히 역사 자료와 옛 지도도 조사하지만, 가장 좋은 방법은 공중에서 살피는 것이다. 인공위성이나 드론으로 찍은 영상을 보면서 유적이 있을 만한 곳을 찾는다. 2018년 여름 영국에 장기간 열파가 지속되었다. 그러자 흙이 바짝 마르면서 고대 유적의 윤곽이 드러났다. 이를 '크롭마크(cropmark)'라고 한다. 영국 데번의 밭에 생긴 이 크롭마크는 옛 로마 군대의 주둔지였던 듯하다.

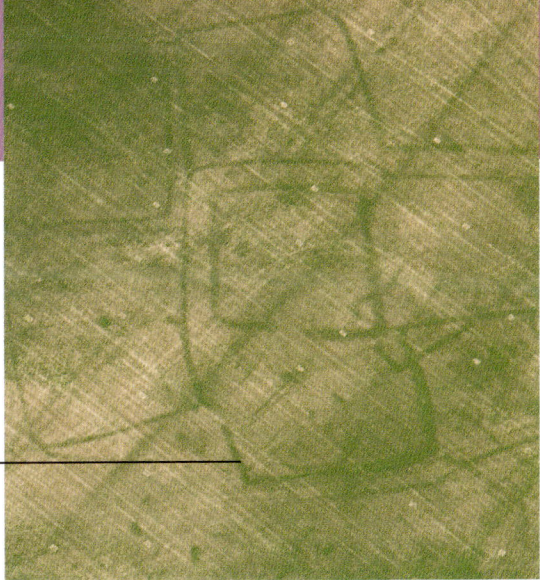

유적이 묻힌 곳에 자란 식생은 가뭄에 말라붙는 속도가 달라서 옛 건물의 윤곽을 드러내기도 한다.

병마용갱

기원전 246년 중국의 진시황은 자신이 죽은 뒤에 묻힐 지하 무덤을 지킬 군대를 테라코타(구운 점토)로 만들라고 지시했다. 70만 명이 넘는 인원이 이 엄청난 군대를 만드는 일을 했다. 기원전 210년에 황제가 죽고 2년이 지난 뒤에야 무덤이 완공되었다. 진시황의 무덤은 그 뒤로 2,000년 넘게 잊혔다. 그러다가 1974년 중국 시안시 근처에서 우물을 파던 농민들이 우연히 이 무덤을 발견했다. 고고학 역사상 가장 큰 발견 중 하나였다.

황제의 군대

인부들은 테라코타 군대를 싸울 준비가 된 진짜 군대처럼 줄 맞추어 배열한 뒤, 흙에 묻었다. 고고학자들은 묻힌 테라코타 군대의 규모가 병사 8,000명, 전차 130대, 말 670마리가 넘을 것이라고 추측한다.
이 테라코타들을 병마용이라고 하고, 이들이 묻힌 곳을 병마용갱이라고 한다.

테라코타 병사들

고고학자들은 얼굴의 수염, 머리 모양, 신발과 군복을 통해서 각 병사의 계급을 알 수 있다. 병사마다 얼굴이 조금씩 다르다.

이 병사는 상투를 틀고 있다. 계급이 낮다는 뜻이다.

이 병사는 키가 약 2미터다.

갑옷은 지금은 갈색이지만, 원래는 밝은 색깔로 칠해져 있었다.

◀ 병사 발굴 작업

위쪽 구조물이 무너지는 바람에 발굴할 때 이미 부서져 있던 것들도 있었다. 이 고고학자는 부드러운 붓을 써서 손상이 가지 않도록 조심히 병사의 귀에서 꼼꼼하게 흙을 쓸어 내고 있다. 발굴한 뒤 머리와 몸통을 어디에서 찾았는지를 잘 기록했다가 나중에 이어 붙인다.

매장지 발굴

진시황의 무덤은 면적이 57제곱킬로미터를 넘을 만큼 크다. 고고학자들은 아직 전체를 다 발굴하지 못했지만, 지금까지 거의 600개의 병마용갱을 발굴했다. 각 갱은 깊이가 7미터 정도이다. 갱에 있는 테라코타들이 모두 온전한 상태인 것은 아니다. 사진에는 분류해야 할 파편 더미가 보인다. 고고학자들이 일을 하기 위해 설치해 둔 사다리와 전등도 보인다. 벽 위쪽에는 흙이 아래로 흘러내리지 않게 모래주머니를 올려놓았다.

병사 수선

갱에서 흙을 퍼내는 사람도 있고, 테라코타 조각들을 꼼꼼히 기록하고 청소하고 끼워 맞춰서 원래 모습을 복원하는 일을 하는 사람도 있다.

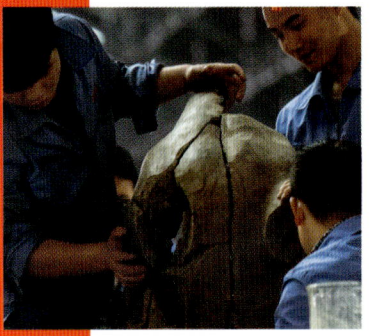

약해진 조각들
고고학자들이 깨진 조각들을 모아서 머리 없는 몸통을 복원하고 있다. 손톱만큼 작은 조각도 있다.

완성된 병사들
발굴하여 복원한 병사들은 2,000여 년 전 처음 진시황의 무덤을 만들 때 놓였던 그대로 줄 맞추어 놓는다.

얼어붙은 말

노르웨이의 추운 지역에는 얼음 밑에 많은 고대 유물이 묻혀 있다. 날이 따뜻해져서 얼음이 녹을 때면, 그 아래 묻혀 있던 유물들이 발견되곤 한다. 지금은 기후 변화로 따뜻한 날이 더 많아져서 유물이 예전보다 더 자주 발견된다. 영하의 온도 덕분에 수백 년 동안 아주 잘 보존된 것도 있다. '얼음의 비밀'이라는 이름의 노르웨이 고고학 연구 단체는 언 땅이 녹고 있는 지역을 돌아다니면서 유물을 찾는다. 2006년 이래로 도구에서 옷에 이르기까지 3,000점이 넘는 유물을 찾아냈다.

▶ 얼음에서 찾아낸 뼈

300~1700년에 사람들은 말을 타고서 노르웨이의 렌드브린 빙하 지대를 지나곤 했다. 고고학자들은 이곳에서 얼어붙은 유물을 많이 발견했다. 이 고고학자는 빙하를 지나다가 죽은 말의 갈비뼈를 수집하고 있다. 영하의 온도 덕분에 뼈가 잘 보존되어 있다.

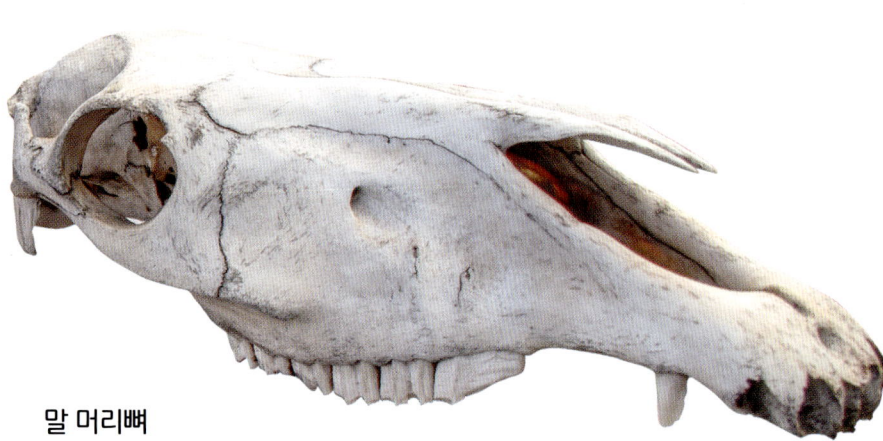

말 머리뼈
고고학자들은 렌드브린 빙하에서 이 말 머리뼈를 발견했다. 약 300년 전 짐을 싣고 가다가 죽은 말의 것이다.

얼음 속 발견

2019년 얼음의 비밀 조사단은 아주 잘 보존된 눈신(설피)을 발견했다. 눈신은 중세 후기였던 1250~1500년경에 쓰던 것인 듯했다. 말이 얼어붙은 곳에서 미끄러지지 않도록 말발굽에 신겼을 것이다.

1. 얼음에서 발견하기
최근에 쌓였던 눈이 녹을 때 눈신 주위의 눈이 더 빨리 녹아서 모습이 드러났다.

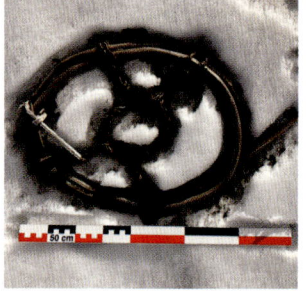

2. 발견된 상태로 조사하기
눈신이 발견된 상태 그대로 조사했다. 단단한 얼음 속에 오랫동안 얼어붙어 있던 것임이 드러났다.

3. 눈신을 채집하기
달라붙어 있던 얼음을 꼼꼼하게 떼어 낸 뒤에, 더 조사하기 위해 연구실로 옮겼다.

가라앉은 보물

해양 고고학자는 호수, 강, 바다에서 유물을 찾는다. 물속을 뒤져서 난파선, 추락한 비행기, 해수면 상승으로 물에 잠긴 고대 주거지를 찾는다. 물에 잠긴 유물이 얼마나 잘 보존되는지는 염분 농도, 해류의 속도, 해양 생물의 활동 등 다양한 요인에 따라 달라진다. 해양 고고학자는 유물의 상태를 파악한 뒤에, 공기 중으로 끌어올려도 안전할지 여부를 판단해야 한다.

▶ 수중 발굴

2012년 해양 고고학자들은 그리스 안티키테라섬의 앞바다에 가라앉은 고대 난파선을 조사했다. 기원전 60년경에 가라앉은 배였다. 이 배는 1900년경 처음 발견되었는데, 당시에 청동상과 대리석상을 비롯하여 여러 유물을 건져 냈다. 사진은 2012년에 잠수한 해양 고고학자들이 작업하는 모습으로, 이곳에서 토기, 무기, 사람 뼈에 이르기까지 더 많은 유물을 발견했다.

크랭크와 톱니바퀴로 바늘을 움직였다.

안티키테라 기계 장치

기원전 2세기 무렵의 이 '고대 컴퓨터'는 안티키테라 난파선에서 발견된 유물 중 가장 유명하다. 당시로서는 놀라울 만치 정교한 장치였다. 전문가들은 장치의 회전반이 달의 위상을 추적하고, 더 나아가 일식과 월식까지 예측하는 데 쓰였을 것이라고 추정한다.

수중 발굴 작업 과정

물속에서 이루어지는 고고학 발굴 작업은 대부분의 과정이 육지에서 이루어질 때와 같다. 해양 고고학자들은 유물을 기록하고, 지도를 작성하고, 사진을 찍는다.

유물 기록하기
방수 펜으로 화이트보드에 유물의 이모저모를 기록하고 발견 위치를 담은 세부 지도를 그린다.

격자 설치하기
끈을 바둑판 모양으로 설치하여 발굴 지역을 칸칸이 나눈다. 발굴 과정에서 발견되는 유물의 위치를 정확히 기록하기 위해서다.

유물 발굴하기
깔려 있던 침전물이 구름처럼 피어오르기 때문에 묻힌 유물을 흙손으로 꺼낼 수 없다. 대신에 진공 펌프로 유물 주위의 모래를 빨아들인다.

물에 잠긴 도시

이 거대한 석상은 기원전 2세기에 자연 재해를 겪은 뒤 물에 잠긴 고대 해안 도시인 토니스-헤라클레이온에 있던 것이다. 붉은 화강암으로 만들어진 고대 이집트 하피 신의 석상은 2,000년 넘게 바다에 잠겨 있었다. 이집트 알렉산드리아 앞바다에서 해양 고고학자 프랑크 고디오 발굴단이 끌어올리자 비로소 세상에 다시 나타났다. 1996년부터 지금까지 수백 점의 유물이 이곳에서 발견되었다.

다시 마른 땅 위로

이 하피 석상은 키가 약 5.5미터에 무게가 6톤이다. 고대 이집트인들은 하피가 해마다 나일강을 범람시키는 신이라고 믿었다. 현재 이 석상은 이집트 알렉산드리아 국립 해양 박물관에 전시되어 있다.

고대 조각상

박물관이 소장한 유물 중에는 직접 수집하거나 사거나 기증을 받은 것도 많지만, 원래 있던 지역 사회의 반대를 무릅쓰고 가져온 것도 많다. 유럽 탐험가들은 태평양의 라파누이(다른 이름은 이스터섬)에서 많은 역사 유물을 가져왔다. 그렇게 가져온 석상, 도끼 등 많은 유물이 현재 전 세계의 박물관에 있다. 라파누이 주민들은 이 유물들을 돌려 달라고 주장해 왔으며, 지금도 많은 논쟁이 벌어지고 있다.

▼ 섬의 석상

라파누이의 주민들이 호아 하카나나이아('도둑맞은 친구'라는 뜻)라고 부르는 이 신성한 석상은 수호 신령이 깃든 중요한 조상 인물상(모아이)이다. 높이 2.5미터인 이 석상은 1868년 영국군이 전함에 실어 가서 빅토리아 여왕에게 바쳐졌다.

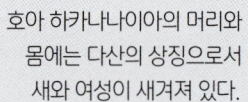

호아 하카나나이아의 머리와 몸에는 다산의 상징으로서 새와 여성이 새겨져 있다.

호아 하카나나이아의 등과 뒷면

머리 조각상

이스터섬에는 한때 약 887기의 석상(모아이)이 서 있었다. 모아이는 대부분 1100~1600년에 만들어졌다. 부드러운 화산암인 현무암으로 만들었고, 빨간색과 흰색의 무늬를 칠했다. 눈에는 산호와 붉은 돌을 박았다. 각각 받침 위에서 섬 안쪽을 향해 서 있었다.

소유권 논쟁

이 석상은 현재 런던의 영국 박물관에 있다. 많은 이들은 정신적 및 역사적으로 중요한 유물이므로 라파누이로 돌려주어야 한다고 주장한다. 반면에 영국 박물관에서 최고 수준으로 관리가 되고 있고 수백만 명에게 라파누이 문화를 알리는 역할을 하므로 그대로 놓아두어야 한다고 주장하는 이들도 있다. 영국 박물관은 라파누이 주민들과 석상의 미래를 논의하기로 결정했다.

네페르티티의 목에는 꽃무늬로 꾸며진 넓은 목걸이가 둘러져 있다.

◀ 네페르티티 여왕

이집트 제18왕조의 네페르티티 여왕 흉상은 기원전 1340년경에 만들어진 것으로 보인다. 이 실물 크기의 조각상은 석회암 덩어리 한 개를 조각한 것이며, 무게가 약 20킬로그램이다. 1913년에 고고학자 루트비히 보르하르트가 독일로 가져갔고, 이집트가 돌려달라고 요구하고 있지만 독일 베를린의 신 박물관에 전시되어 있다.

루트비히 보르하르트

1912년에 적은 이 일지에 보르하르트는 네페르티티 조각상을 발견한 기쁨을 표현했다. 리본이 달린 머리 장식과 선명한 물감 색깔에 대해서도 적었다. "정말로 경이로운 작품이다. 말로는 도저히 표현할 수 없다. 직접 봐야 한다."

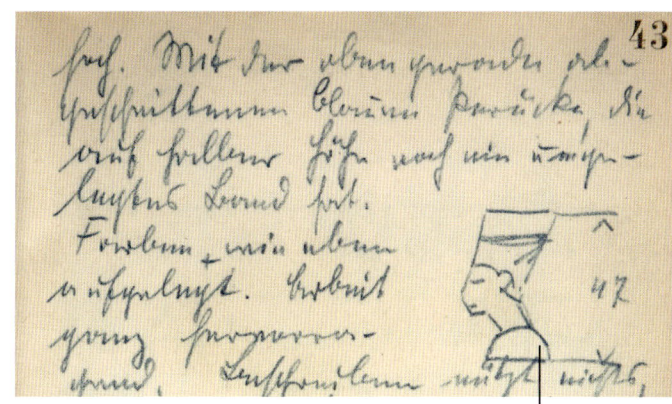

루트비히 보르하르트의 기록

보르하르트는 스케치에 흉상 높이가 47센티미터라고도 적었다.

완벽한 복제품

네페르티티 흉상은 고대 이집트 유물 중 가장 많이 복제된 유물로 손꼽힌다. 전문가들은 현대 기술을 써서 놀라울 만치 정확한 복제품을 만들 수 있다. 불완전하거나 손상된 부위까지 그대로 본뜨므로, 원본과 구별하기 어렵다. 그래서 부서질 수도 있는 소중한 원본을 옮기지 않고도, 전 세계의 많은 사람들이 이 유명한 유물과 똑같은 복제품을 보고 경이로움을 느낄 수 있다.

베냉 청동 유물

베냉 청동 유물은 1,000점이 넘는 금속 장식판과 조각상의 집합이며, 13세기에 제작된 것도 있다. 현재의 나이지리아에 있던 베냉 왕국에서 만들어졌다. 베냉 왕국은 12세기 말부터 1897년 영국에 점령되기 전까지 그 지역을 통치했다. 영국군은 군사 작전을 펼칠 때 베냉 청동 유물을 빼앗았는데, 시간이 흐르면서 유물은 흩어져서 유럽과 미국의 여러 박물관과 개인에게 흘러 들어갔다. 100여 년이 지난 뒤에야 영국 박물관은 반환을 요구하는 나이지리아에 일부 유물을 대여 형식으로 돌려주었다.

▶ 장식판과 조각품

베냉 청동 유물은 원래 베냉 왕국 궁전의 나무 대들보에 붙인 장식이었다. 귀족, 전사, 왕족의 모습을 담았고, 궁전에서의 일상생활을 기록했다. 이 장식판에는 베냉의 오바(왕)와 경비병 4명이 담겨 있다. 이 장식판들과 조각품들을 뭉뚱그려서 베냉 청동 유물이라고 부르지만, 사실은 청동만이 아니라 금속, 나무, 상아 등 다양한 재료로 만들어졌다.

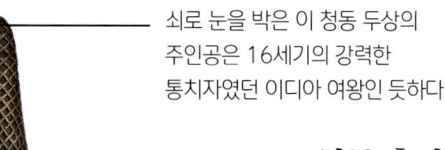

쇠로 눈을 박은 이 청동 두상의 주인공은 16세기의 강력한 통치자였던 이디아 여왕인 듯하다.

청동 흉상

14세기부터는 베냉 왕과 왕비의 흉상들이 계속 만들어졌다. 새 왕이 맨 처음 한 일은 전왕의 청동상을 만들라고 지시함으로써 기리는 마음을 표현하는 것이었다.

전시 중

늘어세운 장식판들

영국 박물관에 전시되어 있는 베냉 청동 유물의 모습이다. 베냉의 청동 유물은 독일과 미국으로도 많이 흘러갔다.

소유권 분쟁

1897년 영국은 나이지리아 남부의 지배력을 강화하기 위해서, 군대를 보내 베냉 왕국의 수도인 베냉을 장악했다. 베냉의 왕은 추방되었다. 왕궁은 불탔고, 베냉 청동 유물을 비롯한 보물들은 약탈당했다. 이때 약탈된 유물은 지금도 유럽과 미국에 여기저기 흩어져 있다.

이 장식판은 1897년 베냉 침략 때 손상된 것일 수도 있다.

경비병이 방패를 들어서 오바, 즉 왕의 머리를 보호하고 있다.

입은 옷의 무늬가 정교한 것을 볼 때 이 경비원은 지위가 높았다. 지위가 낮은 하인은 대개 옷을 입지 않은 모습으로 묘사된다.

베냉 시에서 약탈된 뒤 지금까지 경매 번호가 찍힌 채로 있다.

대형 박물관

세계 최대의 박물관들 중 몇몇은 왕실 수집품, 원래 부와 권력을 과시하기 위해 모은 물품들을 토대로 세워졌다. 한편 자국의 역사를 자랑하기 위해 세운 박물관들도 있다. 이들처럼 장엄한 대형 박물관에는 세계 각지에서 모은 귀하고도 색다른 소장품들이 있다. 소장품들은 관람객에게 인류 역사의 흥미로운 이야기를 들려준다.

스미스소니언 박물관

미국 수도 워싱턴에 있는 세계에서 가장 큰 박물관 집합체이다. 19개 박물관에 무려 1억 5550만 점의 소장품이 있다.

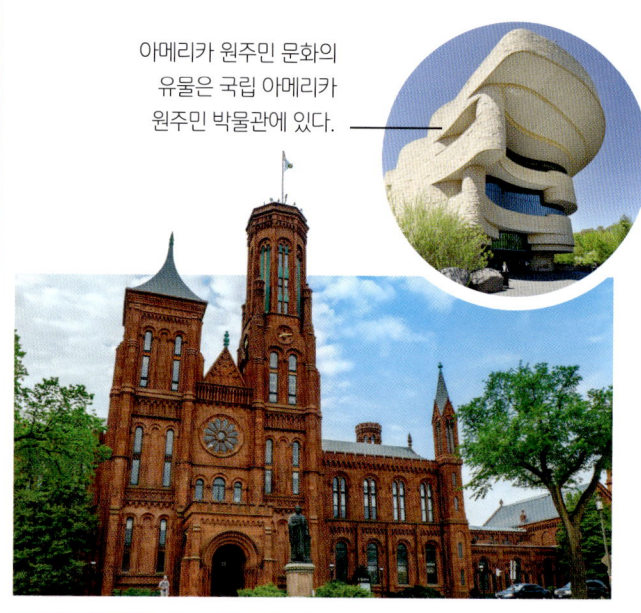

아메리카 원주민 문화의 유물은 국립 아메리카 원주민 박물관에 있다.

영국 박물관 건물의 정면은 고대 그리스 신전에 영감을 받아 꾸며졌다.

영국 박물관

영국 런던에 있는 영국 박물관은 1753년에 세워진 세계 최초의 국립 박물관이다. 전 세계 문화와 예술의 매혹적인 역사를 전하는 소장품들이 있다.

8,000,000
이 박물관의 소장품 수.

중국 국가 박물관

중국의 국립 박물관으로 베이징에 있으며, 48개의 전시실을 갖추고 있다. 금실로 짠 수의, 옥으로 만든 베개, 세계에서 가장 큰 청동 그릇인 후모무정 등 고대의 귀중한 보물들이 전시되어 있다.

후모무정에는 실제 동물과 신화 속 동물이 장식되어 있다.

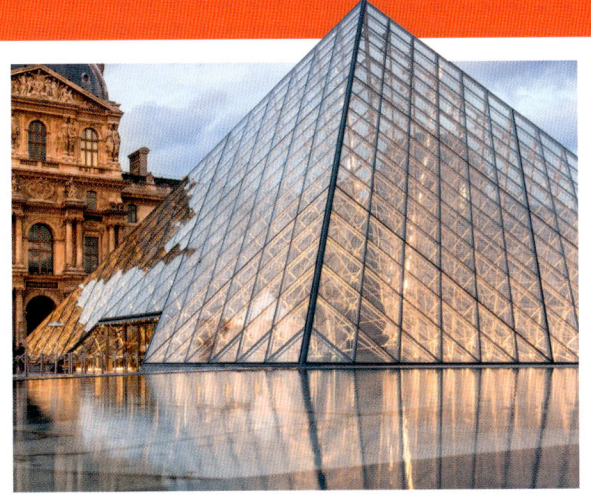

루브르 박물관

프랑스 파리에 있는 루브르는 세계 최대의 미술관이지만, 역사 유물도 많이 소장하고 있다. 가치를 따질 수 없는 소장품 중에는 레오나르도 다빈치의 「모나리자」도 있다. 「모나리자」는 한때 나폴레옹의 침실 벽에 걸려 있었다.

35,000
소장한 미술품 수.

바티칸 박물관

이탈리아 로마 안에 위치한 바티칸 박물관에는 역대 교황들이 모은 굉장한 수집품들이 있다. 총 54곳의 박물관으로 이루어져 있으며, 모두 관람하려면 7킬로미터는 걸을 준비를 해야 한다. 이탈리아 화가 미켈란젤로가 4년에 걸쳐 그린 시스티나 대성당의 장엄한 천장화도 볼 수 있다.

예르미타시 박물관

1764년 러시아의 예카테리나 대제가 설립했다. 상트페테르부르크에 있는 이 러시아 국립 박물관은 약 300만 점의 유물을 소장하고 있다. 역대 러시아 황제들이 살았던 겨울 궁전 같은 역사적 건물들도 이 박물관의 일부다.

이 실물 크기의 황금 공작은 원래 예카테리나 대제의 시계에 붙어 있었다.

그밖에 대형 박물관들

▶ **대한민국 국립 중앙 박물관**
서울에 있는 대형 박물관으로서, 한국의 역사와 문화를 보여 주는 유물을 약 40만 점 소장하고 있다.

▶ **멕시코 국립 인류학 박물관**
멕시코시티에 있는 멕시코 국립 박물관은 고대 멕시코 미술품을 세계에서 가장 많이 소장하고 있다.

▶ **일본 도쿄 국립 박물관**
아시아 미술품과 일본의 귀중한 미술품과 유물을 소장하고 있다.

매머드 발굴

2006년 건설 현장 인부들이 미국 캘리포니아 라브리아 타르 구덩이 근처를 파다가 뭔가를 발견했다. 고대의 사자와 칼이빨호랑이 같은 동물들의 뼈 약 700점이 타르에 묻혀 있었다. 또 컬럼비아매머드 성체의 뼈대가 거의 완전히 보존되어 있었으며, 이 매머드에는 제드라는 이름이 붙었다. 이때 발견된 뼈 화석들은 모두 1~4만 년 전 타르에 빠져 죽은 동물들의 뼈였다.

▶ 석고 붕대로 감은 뼈

화석화한 엄니와 뼈는 아주 약하다. 발굴자들은 라브리아 타르 구덩이에서 나온 표본을 박물관으로 옮길 때, 안전을 위해 석고 붕대로 감쌌다. 뼈가 부러졌을 때 석고 붕대로 감싸 고정하는 것과 똑같다. 덕분에 뼈의 모양과 크기뿐 아니라, 상세한 물질 구조도 잘 보존할 수 있었다.

나무 지지대로 길이 3미터의 엄니를 튼튼하게 받친다.

날카로운 도구로 석고 붕대를 제거한다.

발굴 현장

발굴 현장에 뼈가 너무 많아서, 발굴단은 뼈를 일일이 다 발굴하는 대신에 그 흙구덩이 전체를 파내기로 결정했다. 구덩이를 23개의 커다란 나무 상자에 통째로 가둔 뒤 땅 위로 끌어올렸다. 그러나 제드는 워낙 커서 뼈대 주변의 흙을 체로 쳐낸 뒤, 뼈만 꺼냈다.

거대한 골반

제드는 고고학자들에게 특히 중요한 의미가 있었다. 뼈대의 약 80퍼센트가 온전히 남아 있었기 때문이다. 지금까지 발견된 매머드 뼈대 중에 가장 온전한 편이다. 사진 속의 두 자원봉사자는 거대한 골반에서 흙을 제거하고 있다. 제드는 아주 커다란 매머드였을 것이다. 엉덩이 높이가 약 3미터에 달했다. 제드의 뼈를 조사하니 제드가 죽을 당시에 약 47~49세였음이 드러났다.

이거 아니?

컬럼비아매머드는 몸무게가 10톤까지 나갔을 수도 있다. 이 동물은 1만 1,500년 전에 멸종했다.

연구실 책임자가 제드의 왼쪽 엄니를 청소하는 섬세한 작업을 시작했다.

석고 붕대의 일부를 제거한 상태다.

표본 사냥꾼

자연사 박물관은 동물 표본을 아주 많이 소장하고 있는 곳이다. 과거에는 박물관에서 전시하고 연구하기 위해서 엄청난 수의 야생 동물을 사냥했다. 지금도 야생 동물 사냥과 같은 일이 일어나기는 하지만, 예전보다는 훨씬 적게 일어난다. 꼭 필요할 때에만, 그리고 늘 동물 보전을 염두에 두고서 잡는다.

더 작고 더 날카로운 부리는 작은 곤충을 잡는 데 가장 알맞다.

각 표본의 다리에 라벨을 붙였다.

라벨에는 어떤 종이고 몇 번째로 채집한 표본인지를 적었다.

실물 같은 그림

사진과 동영상이 발명되기 전에는 멀리 있거나 가기 힘든 곳에 있는 동물을 보거나 연구하려면 표본을 이용하는 수밖에 없었다. 해부학적으로 정확한 미술 작품을 그리는 화가도 있긴 했다. 위의 물고기 그림은 페르디난트 바우어(1760~1826)의 작품이다. 야생 동물을 죽여 새 표본을 얻는 대신에 표본처럼 쓸 수 있었다.

동물 찾기

탐험가가 눈에 보이기만 하면 무엇이든 닥치는 대로 수집하던 시절이 있었다. 1909년 3월, 전직 미국 대통령 시어도어 루스벨트는 스미스소니언 박물관 사람들과 함께 아프리카로 사냥 탐험을 떠났다. 탐험단은 포유동물 가죽 5,000점을 포함하여 동물 표본 약 1만 1,400점과 식물 표본 1만 점을 채집해 돌아왔다.

▼ 다윈의 핀치

다윈은 1831년~1836년에 비글호를 타고 여행할 때 많은 동물 표본을 모았다. 특히 갈라파고스 제도에서 채집한 핀치들은 부리 모양이 서로 달랐다. 나중에 이 핀치 표본들은 다윈이 진화론을 발전시키는 데 근거가 되었다. 아마 다윈의 표본 중 가장 유명할 것이다. 현재 영국 런던의 자연사 박물관에 소장되어 있다.

큰 부리는 땅에 떨어진 씨를 먹는 데 더 적합하다.

하수도에서

런던의 하수도는 1850년대에 처음 건설되었기에, 21세기 생활 습관을 제대로 처리하지 못하는 일이 종종 일어나곤 한다. 팻버그는 하수도에도 문제가 생기곤 한다는 점을 보여 주는 완벽한 사례다.

막혀 버린 터널
요리에 쓴 기름을 싱크대에 쏟아 버리면? 하수도에서 다른 쓰레기와 뭉쳐서 덩어리가 된다. 시간이 흐르면 덩어리는 점점 커져서 커다란 팻버그가 된다. 이 팻버그는 발견했을 때 축구장 길이의 2배를 넘었다.

하수도 진입
전문가들이 하수도로 들어가서 팻버그를 작은 조각으로 쪼갰다. 그런 뒤에야 관을 통해 땅 위로 꺼낼 수 있었다.

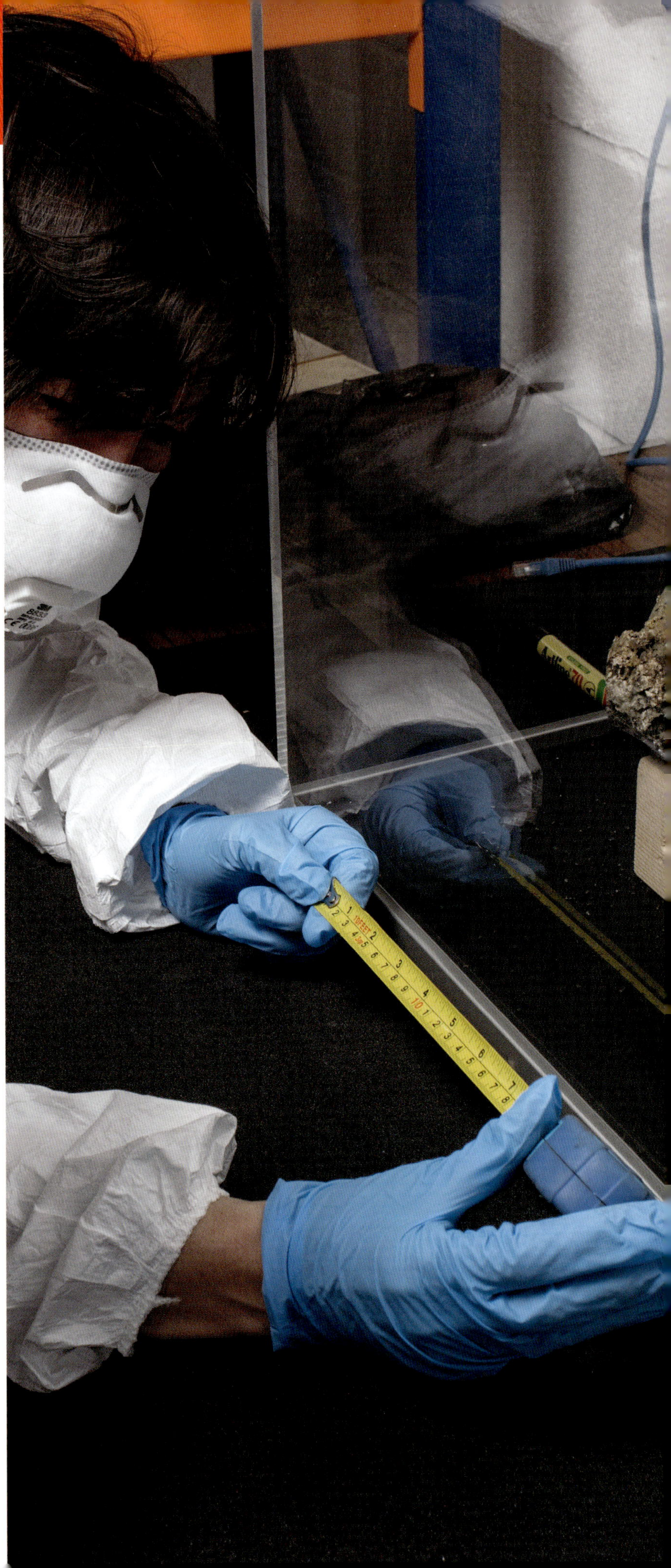

거대한 팻버그

2017년 영국 런던 지하의 하수도에서 기름, 물휴지, 사람의 분뇨, 그밖의 쓰레기가 엉겨 붙은 거대한 오물 덩어리가 발견되었다. 지방이 뭉친 덩어리라서 '팻버그(fatberg)'라고 불리는 이 괴물 덩어리는 하수도를 막고 있어서 빨리 제거해야 했다. 하지만 런던 박물관은 이 하수도 차단물을 그냥 냄새나는 하수 쓰레기로만 보지 않았다. 진정으로 독특한 전시물을 얻을 기회라고 여겼다.

◀ 최초로 전시할 기회

런던 박물관은 작은 팻버그 조각을 보존하기로 결정했는데, 어떻게 보존할지 방법을 참고할 만한 사례가 없었다. 어떤 박물관도 시도한 적이 없었기 때문이다. 연구자들은 팻버그의 화학적 조성을 살펴본 뒤, 자연 건조로 부패를 일으킬 수 있는 수분을 날리기로 결정했다. 건조 과정을 비디오카메라로 하루 24시간 기록하면서 덩어리가 마를 때 정확히 어떤 변화가 일어나는지 살펴보았다. 색깔이 변하고 파리까지 깨어났다! 팻버그를 다 말린 뒤에도 혹시라도 질병을 옮길까 몰라서 덩어리를 3겹의 상자 안에 넣고 밀봉한 상태로 공개했다.

방호복으로 완전 무장

팻버그를 제거하기 위해 하수도로 들어가는 인부들은 안에 있을지 모를 위험한 질병을 막고자 방호복을 입어야 했다.

3
과거를
분류하는 일

박물관에는 고대 화석부터 첨단 기술에 이르기까지, 인류와 지구의 역사적 기록인 인공물과 표본이 수천 점에서 많으면 수백만 점까지 있다. 적절히 정리하지 않으면, 이 소장품들은 잃어버리거나, 훼손되거나, 사람을 다치게 할 수도 있다. 새로 들어온 소장품의 상태를 평가하든, 값을 따질 수 없는 다이아몬드를 도둑에게서 지키든, 방사성을 띤 일지를 안전하게 저장하든 간에, 박물관은 미래 세대를 위해 소장품을 관리하는 일을 맡고 있다.

전시실 뒤편의 역할
유물 관리자

유물 관리자(소장품 관리자)는 박물관의 모든 소장품이 어디에 있는지를 기록하는 일을 한다. 박물관 안에서 옮기거나 다른 박물관에 대여하거나 해서 소장품이 옮겨질 때마다 기록을 한다. 작은 박물관에도 소장품이 수만 점에 달할 수 있으므로, 유물 관리자는 정리를 아주 잘해야 한다. 소장품이 옮겨질 때, 손상된 곳이 있는지 사진을 찍고 상태를 점검하곤 한다. 그런 뒤 보관하거나 복원이 필요하면 보존 처리사에게 보낸다.

확대 안경
유물 관리자는 소장품의 상태를 조사할 때 확대 안경을 쓰곤 한다. 더 자세히 뚜렷이 보기 위해서다.

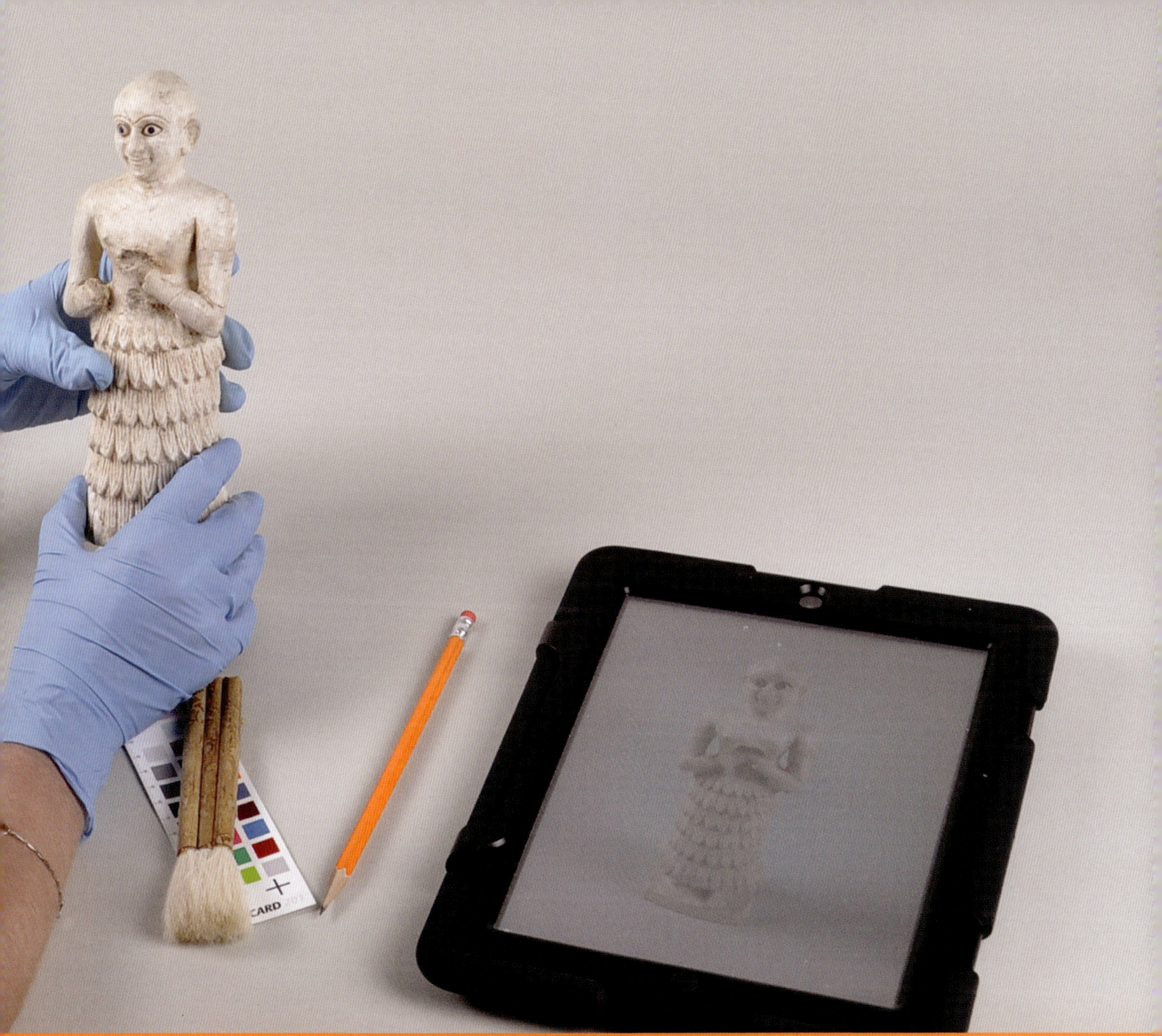

▲ **상태 보고서 작성 중**
미국 펜 박물관의 유물 관리자가 상태 보고서를 쓰기 위해 이라크 카파제에서 발굴된 작은 인물상을 살펴보고 있다.

기술자들은 조각상 밑으로 공기를 뿜어내는 특수한 운반 장치를 썼다. 조각상을 바닥에서 몇 센티미터 띄워 주어서 더 쉽게 움직일 수 있다.

유물 운반

유물을 움직일 때면 유물 관리자가 직접 따라다니면서 안전을 확인하기도 한다. 이 거대한 스핑크스는 프랑스 리옹에 위치한 콩플뤼엉스 박물관의 한 전시실에서 다른 전시실로 세심하게 짠 경로를 따라 76미터가량 옮겨졌다.

표본에 라벨 붙이기

박물관의 모든 표본과 유물에는 유물 관리자가 계속 추적 관리할 수 있도록 라벨을 붙여야 한다. 일부 박물관은 유물이 수백만 점씩 소장하므로, 특정한 소장품을 여러 해가 지난 뒤에야 다시 찾게 될 때도 있다. 라벨을 쓰고 목록을 작성하는 일은 대단히 중요하다. 잘못 적으면 보존 처리사가 엉뚱한 곳에 돌려놓을 수도 있기 때문이다. 오른쪽 사진의 벌 표본에는 각각 어느 종인지를 적은 작은 라벨들이 딸려 있다. 벌은 전 세계에 약 2만 종이 있다.

화석에 라벨 붙이기

케냐 국립 박물관의 고생물학과에는 해마다 새로운 표본이 많으면 1만 점까지 들어온다. 새로 들어온 화석들을 청소하고, 목록을 만들고, 라벨을 작성하는 일은 쉴 새 없이 이루어진다. 부서 직원 15명이 분석해야 할 물질만 해도 몇 톤에 달한다. 화석에는 발굴된 지층, 연대, 발견된 곳의 정보와 함께 식별 번호를 적은 라벨을 붙인다.

탄소 연대 측정

고대 유물이 발견되었을 때 고고학자들이 가장 먼저 알아내고 싶은 것 중 하나는 얼마나 오래되었는지이다. 예전에는 얼마나 깊은 곳에서 발견했는지, 어떤 방식으로 만들어졌는지 같은 정보를 토대로 유물의 연대를 파악했다. 지금도 그런 방법들이 여전히 쓰이기는 하지만, 많은 과학자들은 탄소 연대 측정법이라는 더 정확한 방법을 으레 쓴다. 유물의 연대를 훨씬 더 정확히 추정할 수 있다.

▶ 연대 추정하기

생물이 호흡할 때 몸에 들어온 이산화탄소는 몸의 일부가 된다. 이 탄소 중에는 방사성 동위원소인 탄소-14도 섞여 있다. 생물이 죽으면 더 이상 이산화탄소가 몸에 들어오지 않으며, 몸속에 있던 탄소-14는 일정한 속도로 붕괴하여 사라지기 시작한다. 고고학자는 동식물의 잔해(오른쪽 사진의 사람 다리뼈 같은 것)를 발견하면, 시료를 채취하여 탄소-14가 얼마나 남았는지를 측정한다. 탄소-14가 적을수록 더 오래된 것이다.

타르칸 옷

이 리넨 옷은 1913년 고대 이집트 무덤에서 발굴된 이후 잊혔다가, 1977년 영국 런던의 빅토리아앤앨버트 박물관으로 들어온 직물 더미에서 발견되었다. 탄소 연대 측정을 하니 기원전 3482년에서 기원전 3102년 사이에 만들어졌다는 사실이 드러났다. 지금까지 발견된 직물 옷 중 가장 오래된 것이다. 현재 영국 런던의 UCL 페트리 이집트 고고학 박물관에 전시되어 있다.

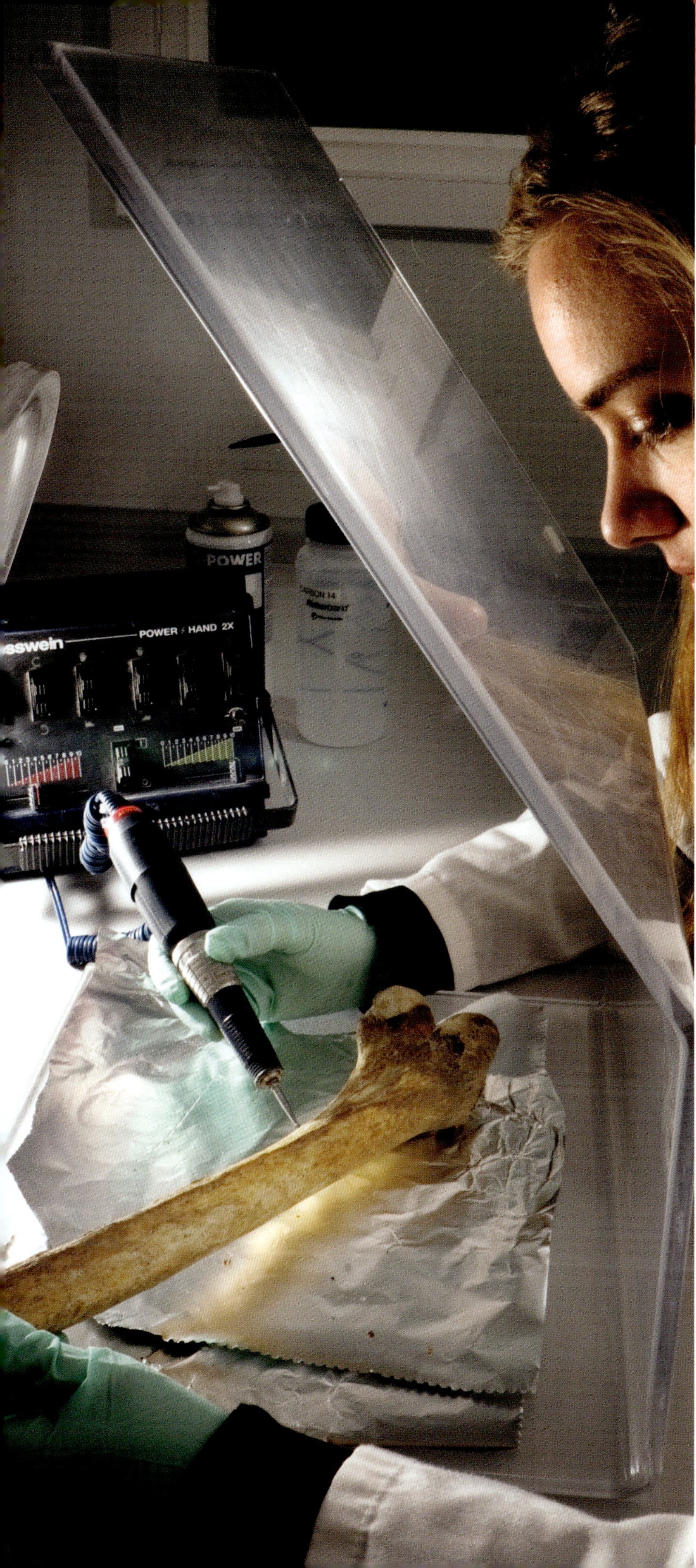

박물관 연구실

탄소 연대 측정에는 가속 질량 분석기라는 값비싸고 커다란 장치를 쓴다. 연대 측정을 하는 데 필요한 전문 장비를 갖춘 연구실은 아주 적다.

구멍 뚫기
과학자가 중세의 사람 다리뼈에 조심스럽게 작은 구멍을 뚫고 있다. 분석을 위해 시료를 조금 떼어 낸다.

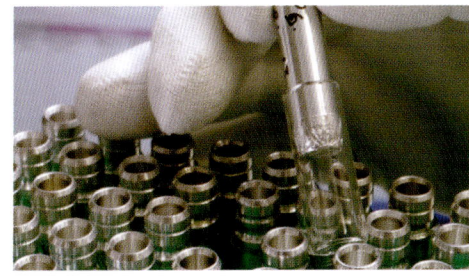

시료 준비
시료를 작은 유리병에 넣는다. 불순물이 조금도 섞여서는 안 된다. 시료가 불순물에 아주 조금만 오염되어도 측정한 연대가 수만 년까지 달라질 수 있다.

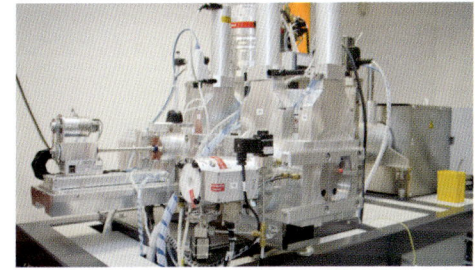

탄소 연대 측정 장치
시료를 분석기에 넣고 증발시킨다. 이때 시료의 원자 수백만 개가 흩어지며, 원자마다 움직이는 속도가 다르다. 원자들의 속도를 측정하여 탄소-14가 얼마나 많이 들어 있는지 파악한다. 탄소-14의 양으로 바로 뼈의 연대를 알 수 있다.

사람의 유해

박물관 수집품 중에는 인체, 뼈대, 미라도 많다. 사람의 유해가 어떻게 박물관에 왔는지 유래를 알려 주는 자료가 거의 없을 때도 많다. 그럼에도 이런 유해는 과학자와 역사가가 과거를 조사하는 데 도움을 준다. 박물관 사람들은 사람 유해를 존중하는 마음으로 세심하게 다룬다. 그러나 유해를 박물관에 보관하거나 전시하는 데에 의문을 품는 이들도 있다. 원래 있던 곳으로 돌려보내어 다시 매장해야 한다고 생각하는 사람들도 있다.

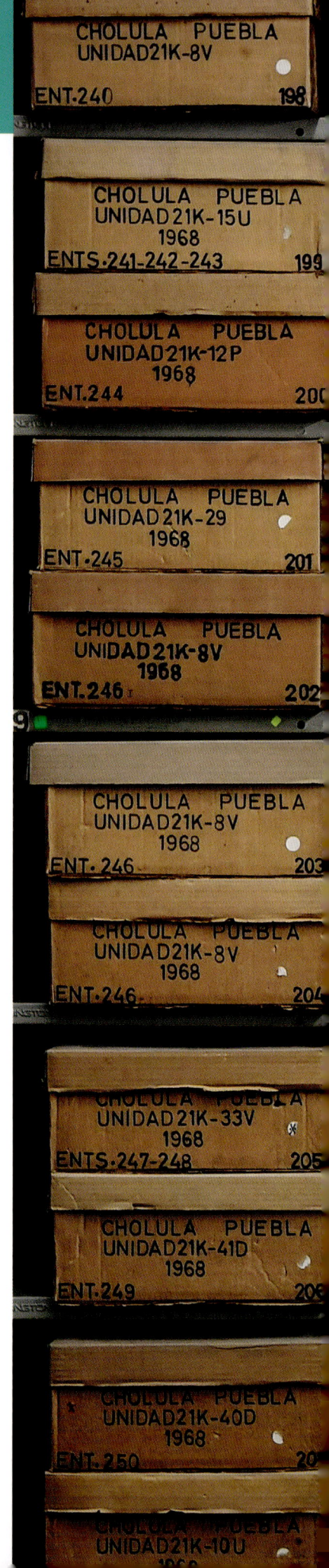

▶보관된 시신들

멕시코 국립 인류학 박물관은 인공물만을 모아 놓은 곳이 아니다. 연간 200만 명이 방문하지만, 박물관 지하에 차곡차곡 쌓인 상자들에 2만 5,000점이 넘는 사람 뼈와 미라 30구가 들어 있다는 사실을 아는 사람은 거의 없다. 기원전 2000년 이전의 뼈대도 51점 있다. 가장 오래된 것은 1만 2,700년 전의 것이다.

덩어리가 된 미라

16세기 이전에 페루의 차차포야스족은 시신을 외진 곳에 묻었다. 죽은 이들의 뼈는 시신을 감싼 천과 함께 바짝 마르면서 사후 세계에서 쓰라고 함께 묻은 식물, 장신구와도 단단히 달라붙어서 한 덩어리가 되었다. 지금까지 200구가 넘는 미라 덩어리가 발굴되었다. 상당수는 매장지에서 꺼내어져 전 세계 각지의 민간 기관이나 공공 기관의 소장품이 되었다. 이 미라 덩어리들은 페루 레이메밤바 박물관에 있다.

연구 표본

사람 유해는 다양한 연구에 쓰일 수 있다. 연구자들은 화석이 된 머리뼈 표본으로 초기 인류 집단의 뇌 크기를 알아낸다. 사진은 머리뼈 속에 낟알을 채우는 모습이다. 가득 채운 뒤 낟알을 그릇에 쏟아서 부피를 잰다. 머리뼈에 들어갔던 낟알의 부피가 바로 뇌 크기다.

중앙의 파란 다이아몬드를 정사각형이나 물방울 모양의 흰 다이아몬드 16개가 둘러싸고 있다.

호프 다이아몬드는 아주 가볍다. 무게가 약 9그램에 불과하고 크기는 호두만 하다.

호프 다이아몬드

호프 다이아몬드는 세계에서 가장 유명한 보석으로 손꼽힌다. 파란 바다 색깔로 유명한 이 다이아몬드의 역사는 아주 유별나다. 호프 다이아몬드에 저주가 걸려 있어서 소유한 사람이 비극적인 운명을 맞이한다는 이야기가 퍼져 있기 때문이다. 이 보석은 프랑스의 루이 14세를 비롯한 여러 유명 인사들이 소유했다.

▲ 호프 다이아몬드

17세기 인도에서 처음 발견된 호프 다이아몬드는 대다수의 다이아몬드와 달리 희게 투명하지 않고 파랗다. 세계에서 가장 큰 파란 다이아몬드로 손꼽힌다. 이 보석은 프랑스의 보석 세공사 피에르 카르티에가 디자인한 멋진 목걸이의 일부이다. 1912년에 흰 다이아몬드들로 둘러싸인 펜던트 한가운데 박아 세공했다.

목걸이의 사슬은 흰 다이아몬드 45개로 이루어져 있다.

스미스소니언의 국립 우편 박물관에 전시하기 위해 보내는 데 썼던 포장지이다.

파란색의 비밀

2009년 스미스소니언 광물학 연구실의 과학자들은 호프 다이아몬드를 하루 빌려서 정확히 왜 파란색을 띠는지 조사했다.

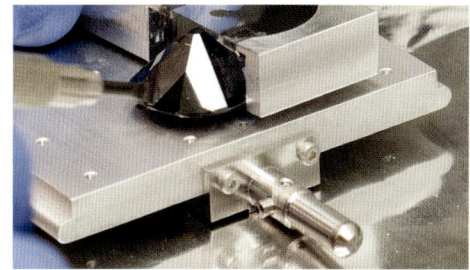

연구진은 호프 다이아몬드를 질량 분석기에 넣어서 어떤 원소가 들어 있는지 조사했다. 다이아몬드는 주로 탄소로 이루어져 있지만, 다른 원소들도 섞여 있을 수 있다.

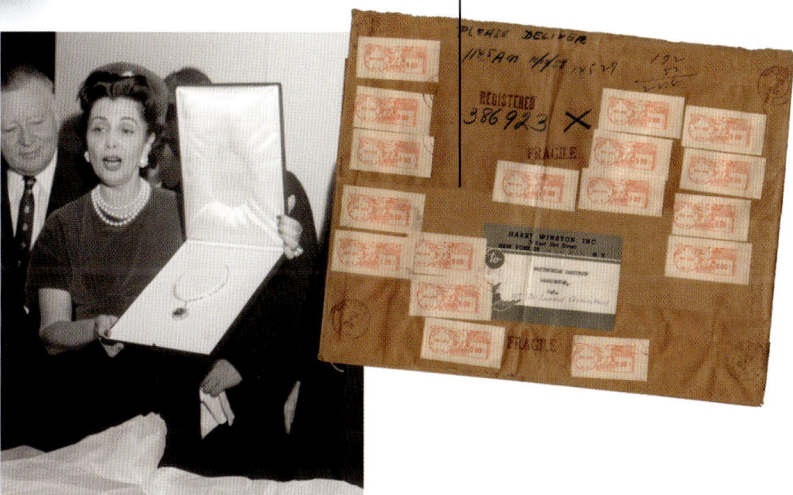

다이아몬드 기증 과정

호프 다이아몬드를 11년간 소유했던 미국인 보석상 해리 윈스턴은 1958년에 스미스소니언 박물관에 기증했다. 현재 스미스소니언 박물관의 가장 유명한 소장품 중 하나다. 당시 윈스턴은 이 보석을 뉴욕의 자기 상점에서 워싱턴의 박물관까지 우편으로 부쳤다. 세계에서 가장 유명한 다이아몬드 중 하나를 그렇게 보내다니 정말 대담했다. 우편 요금은 2.44달러였지만, 보험료가 142.85달러였다. 문제가 생기면 최대 100만 달러까지 보상 받을 수 있는 보험이었다.

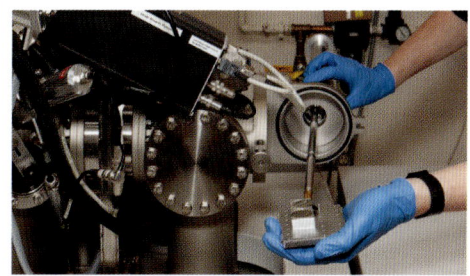

연구진은 그 장치로 보석에 이온 광선을 쏘았다. 다이아몬드에 지름이 약 10억 분의 1센티미터인 구멍이 뚫렸고, 수백만 개의 원자가 기계 안으로 빨려 들어왔다.

철통 보안

호프 다이아몬드는 미국 워싱턴에 위치한 스미스소니언 국립 자연사 박물관의 보석 소장품 중 가장 인기가 높다. 방탄유리 상자 안에 들어 있으며, 사방에서 볼 수 있도록 회전판 위에 놓여 전시된다.

전시 중

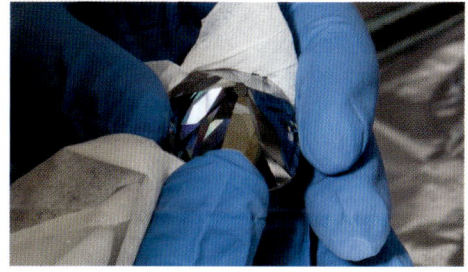

이 원자들을 분석하니 호프 다이아몬드에는 탄소, 수소, 질소가 들어 있을 뿐 아니라 붕소가 보석 전체에 다양한 양으로 들어 있다는 사실이 드러났다. 그래서 다양한 색조의 파란색을 띤다.

전시된 연구실

미국 워싱턴에 위치한 스미스소니언 국립 자연사 박물관은 크게 보수를 한 뒤, 2019년에 다시 문을 열었다. 이때 '깊은 시간'이라는 새로운 상설 전시관도 선보였다. 학예사들은 지구의 역사를 말해 주는 고대와 선사 시대의 화석을 전시할 뿐 아니라, 이런 화석을 어떻게 처리하고, 연구하고, 보존하는지도 관람객들에게 보여 주고자 했다. 그래서 관람객이 박물관 연구실에서 실제로 하는 일을 엿보면서, 전시실 뒤편에서 어떤 일들이 이루어지는지 감을 잡을 수 있도록 특별한 '화석연구실'도 만들었다.

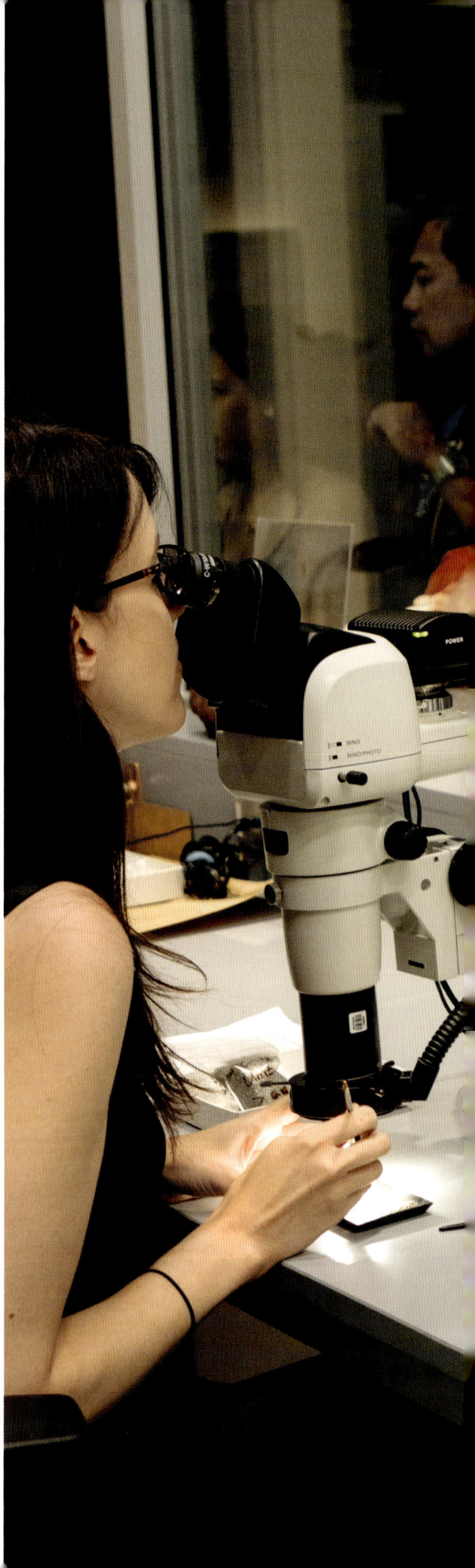

▶ 일하는 자원 봉사자

화석연구실의 유리창 너머로 전문가들이 일하는 모습이 보인다. 이 자원 봉사자는 현미경으로 발굴지에서 가져온 퇴적물을 샅샅이 뒤져서 개구리, 도마뱀, 어류, 포유류 같은 고대 동물의 미세한 화석을 찾고 있다. 관람객은 작은 화면을 통해 현미경으로 보이는 모습을 똑같이 보면서 어떤 일이 이루어지는지 알 수 있다.

훤히 들여다보이는 부서

화석연구실은 아주 인기 있는 전시물이 되었다. 사람들은 커다란 유리창 앞에 모여서 작업을 지켜보곤 한다. 관람객들은 흩날리는 먼지를 제거하는 굵고 파란 관과 부서지기 쉬운 화석을 받치는 데 쓰는 붉은 모래가 담긴 커다란 상자를 보면서 신기해한다. 이 모래는 사실 잘게 부서진 석류석이다. 해변 모래와 달리, 석류석에는 실리카(이산화규소)가 없어서 연구자가 석류석 모래 먼지에 오래 노출되어도 폐가 손상될 염려가 없다.

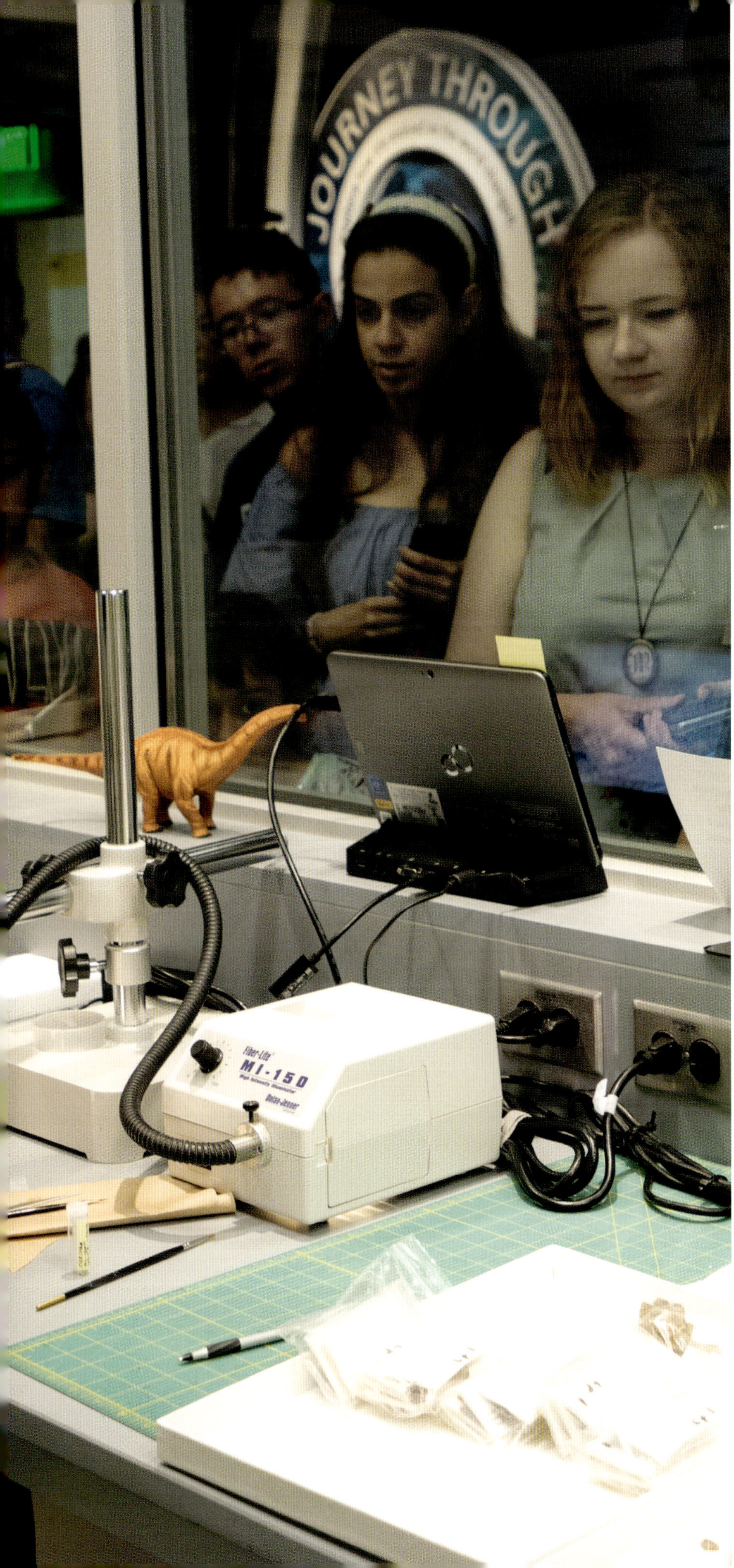

이거 아니?

몇몇 작은 화석은 한 시간이면 전시할 준비를 끝낼 수 있지만, 큰 화석은 몇 년씩 시간이 걸릴 수도 있다.

화석연구실에서 하는 일

고도의 훈련을 받은 자원 봉사자들이 새로 발굴된 화석을 다룬다. 이 화석들을 연구하거나 전시하기 위해 필요한 전문적인 일들을 수행한다.

표본 기록하기

자원 봉사자가 능숙한 솜씨로 화석의 턱뼈를 정확하게 그리고 있다. 과학 그림은 화석의 중요한 특징을 담으며, 사진보다 더 이해하기가 쉬울 수 있다.

전시 준비하기

자원 봉사자와 학예사가 전시할 예정인 야자 잎 화석을 놓고 이야기를 나누고 있다. 전시하기 위해서, 자원 봉사자는 화석을 덮고 있던 암석층을 떼어 냈다.

엑스선 관찰

박물관 전시물 중에는 수수께끼를 숨기고 있는 것들도 있다. 속에 다른 무엇인가가 들어 있기도 한다. 속에 든 것을 보여 주겠다고 희귀한 전시물을 부술 수는 없으므로, 연구자들은 CT스캐너(컴퓨터를 이용한 단층 촬영 장치)를 써서 속을 들여다본다.

이거 아니?
아귀는 자기 몸보다 2배나 커다란 먹이도 삼킬 수 있다.

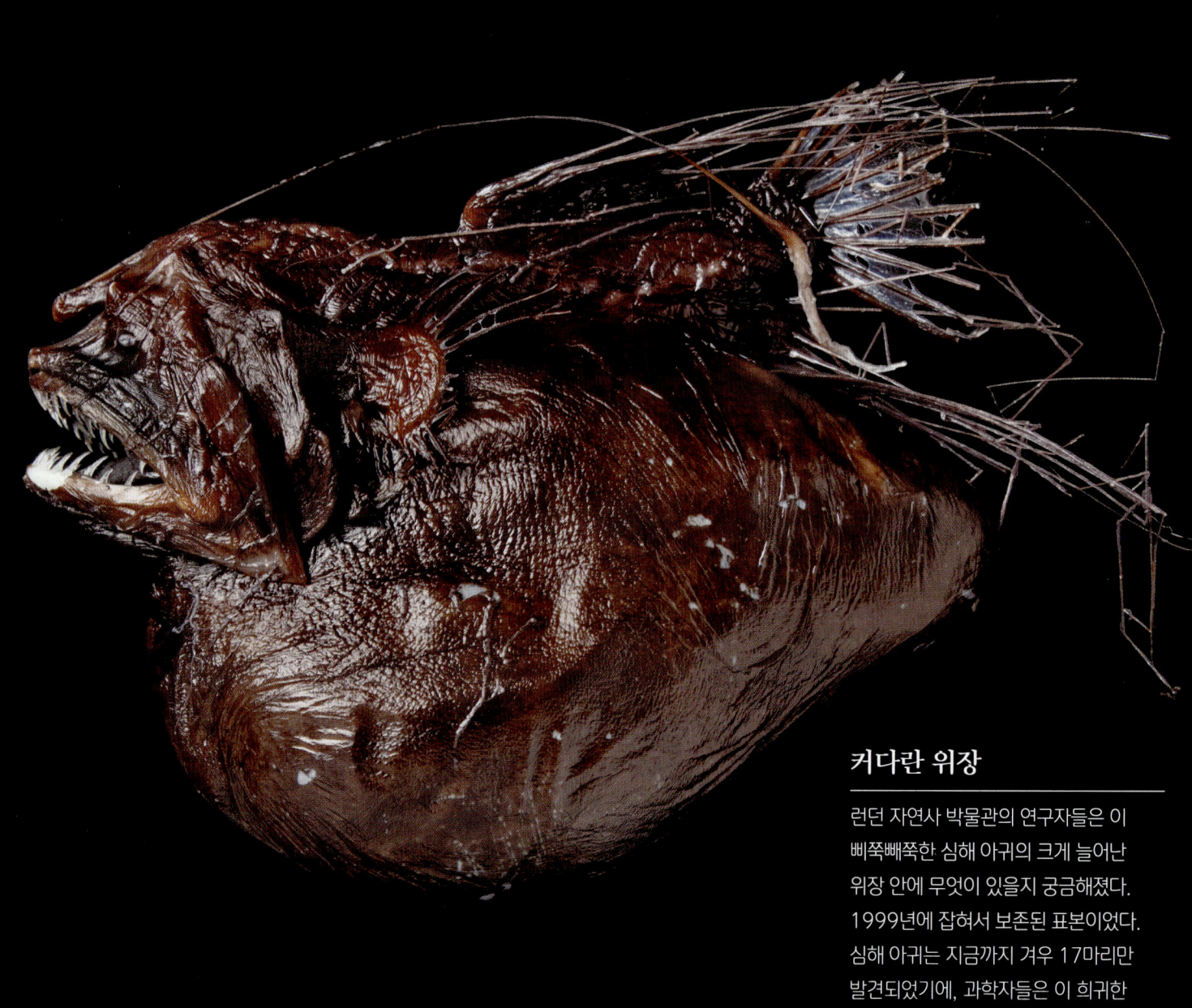

커다란 위장

런던 자연사 박물관의 연구자들은 이 삐쭉빼쭉한 심해 아귀의 크게 늘어난 위장 안에 무엇이 있을지 궁금해졌다. 1999년에 잡혀서 보존된 표본이었다. 심해 아귀는 지금까지 겨우 17마리만 발견되었기에, 과학자들은 이 희귀한 표본의 배를 갈라 열고 싶지 않았다. 그래서 CT스캐너를 사용했다.

화석 스캐닝

화석의 몸속도 장치를 이용해 들여다볼 수 있다. 이 과학자는 의료용 엑스선(X선) 기기보다 1000억 배 더 강력한 엑스선 광선을 비추는 특수한 CT스캐너를 쓴다. 사진에서 보이는 녹색 레이저는 스캐닝을 하기 전에, 표본을 정확한 위치에 놓기 위해 쓰인다. 이 화석은 고대 해양 동물인 암모나이트다. 스캔을 하면 암모나이트 몸속의 세부 구조가 드러난다.

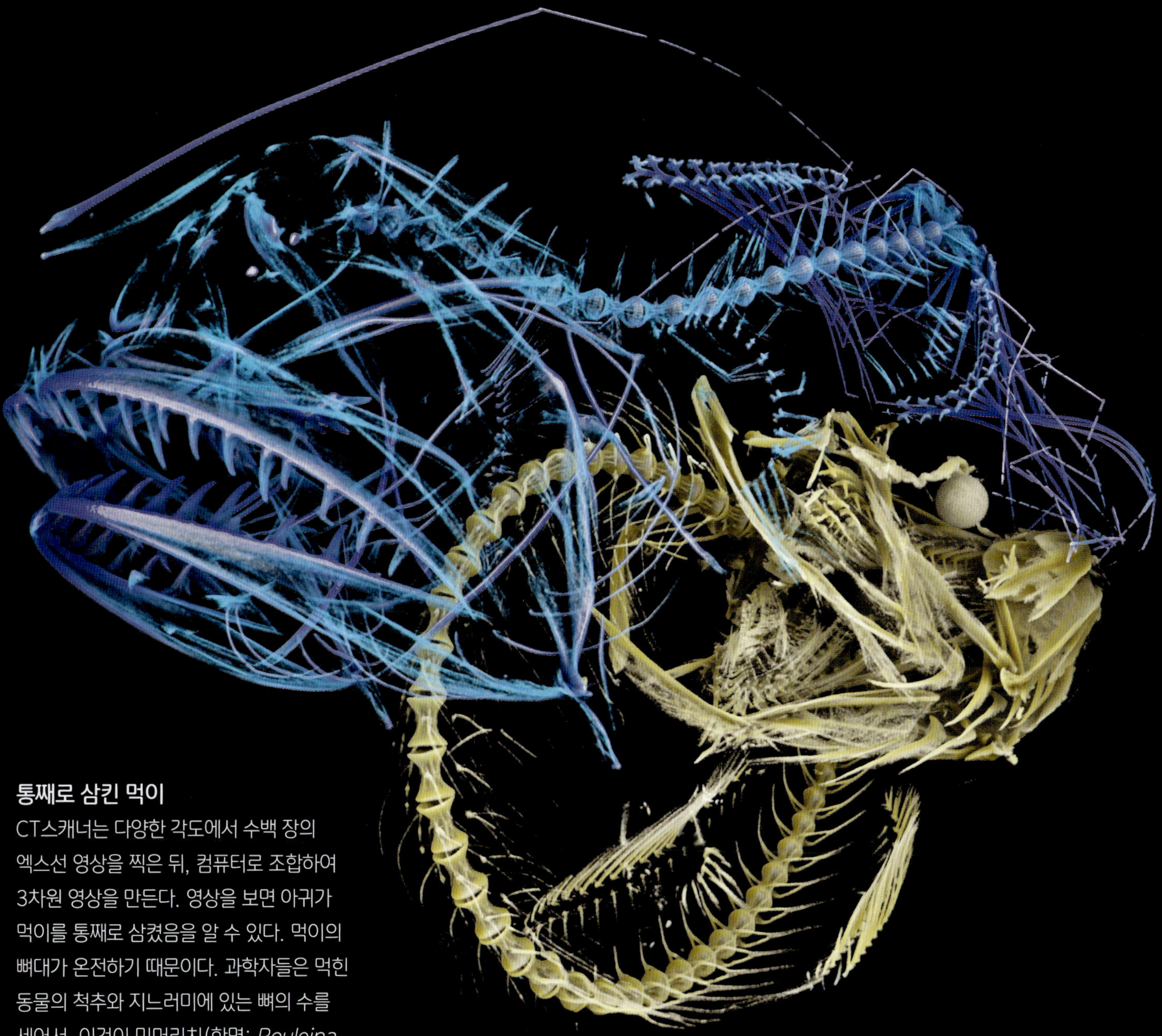

통째로 삼킨 먹이

CT스캐너는 다양한 각도에서 수백 장의 엑스선 영상을 찍은 뒤, 컴퓨터로 조합하여 3차원 영상을 만든다. 영상을 보면 아귀가 먹이를 통째로 삼켰음을 알 수 있다. 먹이의 뼈대가 온전하기 때문이다. 과학자들은 먹힌 동물의 척추와 지느러미에 있는 뼈의 수를 세어서, 이것이 민머리치(학명: *Rouleina attrita*)임을 알아낼 수 있었다.

▲ **안전 예방 조치**
도서관 직원이 마리 퀴리의 일지를 살펴보려면, 위험을 감수하겠다는 서류에 서명하고, 보호 장갑을 끼고 방호복을 입어야 한다.

가이거 계수기는 이온화 방사선(원자가 내뿜는 해로운 입자)을 검출하는 기계다.

이 검은 차단막은 인체에 해를 끼칠 수 있는 방사선을 흡수한다.

마리 퀴리의 일지

마리 퀴리(1867~1934)는 과학자였다. 라듐과 폴로늄이라는 방사성 원소를 발견해서 최초로 물리학과 화학 양쪽 분야에서 노벨상을 두 번 받았다. 마리는 고농도 방사선에 노출되어 생긴 희귀한 질병으로 사망했다. 그녀가 쓴 일지는 지금도 라듐 226이라는 방사성 원소에 오염되어 있다. 그래서 일지를 보관하고 있는 프랑스 파리 국립 도서관의 직원들은 주의를 기울인다.

가이거 계수기의 계기판은 퀴리의 일지가
지금도 방사선을 내뿜고 있음을 보여 준다.

위험한 유물들

박물관 유물은 직원, 관람객, 심지어 소장품 자체에도 위험을 끼칠 수 있다. 대부분의 박물관은 어떤 소장품들이 위험한지 정기적으로 조사한다.

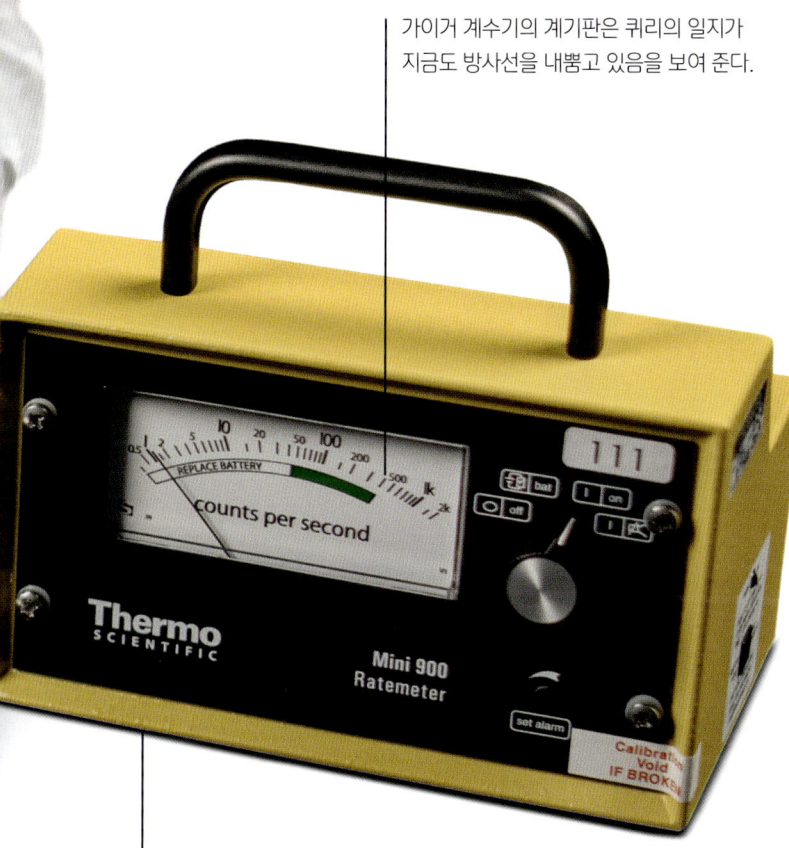

독을 바른 무기
무기에 발라 둔 독물의 흔적을 검사했더니, 1,500년 뒤까지도 독물이 남아 있을 수 있다는 결과가 나왔다.

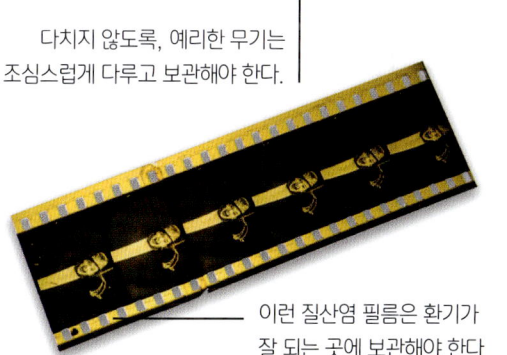

다치지 않도록, 예리한 무기는 조심스럽게 다루고 보관해야 한다.

가이거 계수기는 방사선을 검출하면 뚜뚜 소리를 낸다.

이런 질산염 필름은 환기가 잘 되는 곳에 보관해야 한다.

영화 필름
1910~1950년에는 영화를 질산염 필름으로 찍는 방식이 유행했다. 그런데 질산염 필름에서는 기체가 뿜어 나온다. 밀폐된 방에 질산염 필름을 보관하면 이 기체가 쌓여서 폭발할 수 있다.

경고판

일지가 든 상자에는 다룰 때 건강에 위험이 끼칠 수 있다고 말하는 방사능 경고 표지가 붙어 있다. 몸을 제대로 보호하지 않으면, 방사선에 중독될 수 있다.

이 옷은 아주 유독한 화합물인 비소를 써서 염색했다.

비소 염료로 물들인 옷
19세기에는 녹색 옷이 유행했다. 그런데 일부 녹색 물감은 비소로 만들어졌다. 비소는 독성 물질이라서 옷을 짓는 이들에게 피해를 입혔다. 오늘날에도 박물관 직원들은 비소 기반 염료로 염색한 옷을 다룰 때 보호 장갑을 껴야 한다.

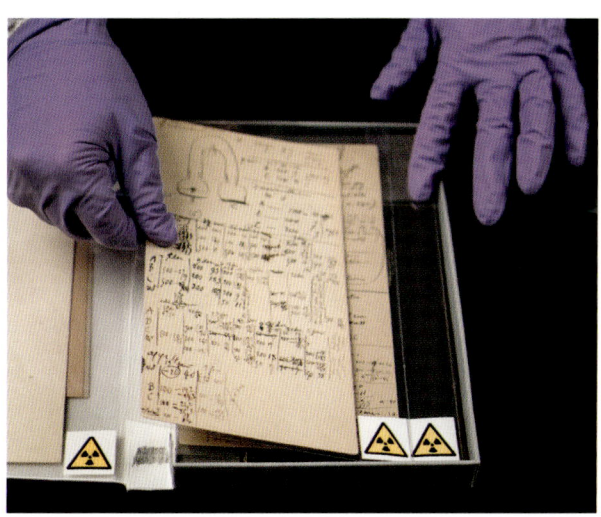

병에 담긴 메시지

생물학자는 세계의 다양한 종을 연구할 때면 박물관에 있는 표본을 종종 이용한다. 박물관은 생물 표본을 유리병에 담아서 보존하곤 한다. 연구하기에 좋은 상태로 유지하기 위해서다. 런던 자연사 박물관은 이렇게 병에 담긴 '젖은' 표본을 가장 많이 소장하고 있는 곳 중 하나로, 표본병을 올려놓은 선반의 길이가 27킬로미터나 된다. 영국 과학자 찰스 다윈이 1830년대에 채집한 표본도 있다.

표본이 썩지 않도록 뚜껑을 단단히 밀봉한다.

▼ 젖은 표본

젖은 표본을 만들기 위해서 보존 처리사는 먼저 죽은 동물에 몸속 장기를 굳혀서 보존하는 화학 물질 용액을 주입한다. 그런 뒤 표본을 병에 넣고서 보존액을 붓는다. 그러면 살아 있을 때의 모습으로 보존할 수 있다.

이거 아니?
런던 자연사 박물관에는 2200만 점이 넘는 젖은 표본이 있다.

자연사 박물관의 표본병은 예전에 과학자들이 어떤 연구를 했는지를 알려 준다.

거대한 표본

젖은 표본으로 보존되는 가장 큰 동물 중 하나는 대왕오징어(학명: *Architeuthis dux*)다. '아치'라는 이름이 붙여진 이 오징어는 길이가 8.5미터에 달하며, 런던 자연사 박물관의 맞춤 제작 수조에 보관되어 있다. 보존 처리사는 2004년에 잡힌 이 오징어를 일단 얼려 놓고, 보관할 수 있을 만한 커다란 수조를 만들었다. 그리고 대왕오징어에 폼알데하이드를 섞은 식염수를 주입한 뒤, 같은 용액으로 채운 수조에 담갔다.

표본에서 피 같은 체액이 새어 나와서 용액의 색깔이 변할 수도 있으므로, 몇 주 뒤에 새 용액을 더 넣기도 한다.

표본병에는 종의 이름과 병에 담은 날짜를 적은 라벨을 붙인다. 시간이 흐르면서 표본이 변하거나 알아보지 못하게 될 수도 있기 때문이다.

표본이 병속을 둥둥 떠다니다가 손상되는 일이 없도록 표본의 크기와 모양에 알맞은 병을 고른다.

대형 어류 표본

사진의 커다란 개복치는 런던 자연사 박물관에 보관되어 있다. 개복치 표본은 에탄올에 들어 있는데, 1960년대에 잡힌 이래로 거의 부패하지 않았다. 수조에는 무거운 금속 뚜껑이 달려 있어서, 학예사가 물고기를 살펴볼 때면 뚜껑을 들어낼 수 있다. 예전에는 표본 수조를 유리로 만들었지만, 지금은 투명한 플라스틱을 쓴다. 비용이 덜 들고 금이 가거나 부서지지 않고, 더 가벼워서 옮기기도 수월하다.

안전 제일

런던 자연사 박물관에는 세상에서 가장 큰 어류 표본 중 하나가 전시되어 있다. 몸길이 4미터에 몸무게 350킬로그램에 달하는 청새치이다. 이 청새치가 든 수조에는 1만 리터의 보존액이 채워져 있다. 보존 처리사는 보통 표본을 에탄올에 저장하지만, 에탄올은 가연성 물질이라서 관람객에게 위험할 수 있다. 이 전시용 수조에서는 안전을 위해 청새치를 글리세롤에 보존한다. 글리세롤은 가연성도 독성도 없으면서 잘 보존하는 화학 물질이다. 청새치는 수조 바닥의 추에 연결된 스테인리스 강철 케이블에 묶여 있다. 그래서 수면으로 떠오르지 않고 수조 중간에 떠 있다.

영국 자연사 박물관

런던 중심부에 있으며, 해마다 500만 명이 넘는 관람객이 찾는다. 오늘날의 동식물뿐 아니라, 선사 시대 운석에서 공룡의 뼈대에 이르기까지 지구의 역사를 보여 주는 8000만 점의 표본을 소장하고 있다.

19세기의 박제사

1880년경에 미국 국립 박물관의 수석 박제사이자 동물학자인 윌리엄 템플 호너데이가 스미스소니언 박제 작업실에서 동물 박제와 함께 찍은 사진이다. 당시 관람객들은 한 번도 본 적이 없는 이국적인 동물을 박제한 표본을 보면서 즐거워했다.

펭귄의 흰색 깃털은 시간이 흐르면서 누렇게 변하므로, 보존이 필요하다.

펭귄의 눈은 유리나 플라스틱 눈알로 바꾸었다.

펭귄을 보존하는 법

박제술은 나중에, 때로는 긴 세월이 흐른 뒤에 생물학자들이 연구할 수 있도록 죽은 동물의 몸을 실제와 가깝게 보존하는 방법이다. 고대 이집트인들도 종교적인 목적으로 비슷한 방법을 써서 동물을 보존한 사례들이 있지만, 박제술이 인기를 끌게 된 시기는 19세기 말부터였다. 예전에는 포유류, 어류, 조류의 몸에서 장기와 뼈를 제거한 뒤에 지푸라기를 채워 넣었다. 지금은 플라스틱이나 발포수지로 모양을 유지하는 틀을 만들고, 그 틀에 털가죽을 잡아당겨서 씌운다.

표본 관리

전시된 동물 박제 표본은 정기적으로 청소한다. 표본의 부패를 막고 털가죽을 보존하기 위해서 필요한 일이다. 사진은 박제사가 에어브러시를 써서 곰의 갈색 털을 관리하는 모습이다.

▼ 펭귄 무리

이 박제 펭귄들은 프랑스 북부 르아브르의 자연사 박물관에서 연 남극 대륙 특별전 때 전시되었다. 각 펭귄 표본은 작은 발판 위에 세워졌다. 지금은 박물관 뒤편에 보관되어 있다.

박제사의 실수

박제사는 동물이 살아 있을 때의 자세를 취하게 하는 등 표본을 가능한 한 살아 있는 것처럼 보이게 하려고 노력하지만, 실수할 때도 있다.

속을 지나치게 채워 넣은 바다코끼리

1800년대 말, 런던 호니먼 박물관의 보존 처리사들은 바다코끼리를 실제로 본 적이 없었다. 그래서 표본을 만들 때 속을 너무 많이 채워 넣었다. 다행히도 현재 이 바다코끼리는 그 박물관에서 가장 사랑 받는 전시물 중 하나다.

잘못 끼운 눈

런던 UCL 그랜트 동물 박물관의 이 칡부엉이는 잘 보존되어 있지만, 눈이 이상한 각도로 끼워져 있다.

> **이거 아니?**
> 박제술의 '박제'란 가죽을 벗겨 만든다는 뜻이다.

새끼의 부드러운 솜 같은 깃털은 '솜깃'이라고 한다.

시간을 얼리는 일

오래전에 만들어진 박제 표본들은 밋밋한 자세를 취한 경우가 많다. 그 편이 세우기가 가장 쉬웠기 때문이다. 그러나 플라스틱이나 발포수지로 만든 모양 틀에 털가죽을 씌우는 더 현대적인 방법을 쓰면 실제 모습과 똑같은 자세로 쉽게 만들 수 있다. 사진 속의 사자와 곰은 먹이를 막 잡으려는 자세를 취하고 있고, 오스트리아 빈의 자연사 박물관에 소장된 박제 동물들의 일부이다.

세세한 부분까지 주의를 기울이기

스미스소니언 박물관에서 퇴직한 박제사 폴 라이머가 박제된 얼룩말의 다리를 꿰매고 있다. 해부학 지식을 활용하여 다리를 살아 있는 얼룩말과 똑같은 모습으로 만든다.

나비 표본 서랍장

전 세계의 박물관에는 수억 점에 달하는 곤충 표본이 있다. 미국 스미스소니언 국립 자연사 박물관에는 3500만 점이 넘는 곤충 표본이 있으며, 그중 400만 점은 나비와 나방이다. 나비와 나방 표본은 너무 많아서 한꺼번에 다 전시할 수가 없다. 전시하지 않는 표본(사진에 나온 것들은 그중 일부이다)은 3만 개가 넘는 서랍에 보관되어 있다.

곤충 표본함

보관되어 있는 곤충 표본이라고 해서 숨겨지고 잊히는 것은 아니다. 생물학자들이 정기적으로 표본함에서 꺼내어 살펴보고 청소하고 연구한다. 곤충은 부서지기 쉬우며, 대개 죽은 뒤에 빨리 부패한다. 하지만 표본으로 잘 보존하면 죽은 지 여러 해가 지난 뒤에도 연구할 수 있다. 덕분에 생물학자들은 멸종한 종까지 포함하여 전 세계의 종을 연구할 수 있다.

창고에 보관된 뼈

미국 메릴랜드에 있는 스미스소니언 국립 자연사 박물관의 고래 수장고에는 세계에서 가장 많은 고래 뼈가 모여 있다. 1만 마리가 넘는 해양 포유류의 뼈가 선반마다 가득하다. 그중에는 4000만 년 된 것도 있다. 1700년 말부터 1800년대 중반까지 대서양에서 고래잡이가 활발할 때 구한 것이 많다. 가장 큰 것은 대왕고래의 턱뼈로서 길이가 7미터나 된다. 전 세계 박물관에 있는 뼈 중에서 가장 크다. 이런 뼈는 너무 무거워서 사람이 옮길 수 없다. 지게차를 이용해 옮긴다.

매머드 뼈

박물관 수장고에 있는 거대한 동물이 고래만은 아니다. 러시아 모스크바의 빙하기 박물관에는 수만 년 전에 살았던 거대한 동물의 뼈가 많이 보관되어 있다. 이 박물관 직원은 거대한 매머드의 넙다리뼈를 들고 있다. 고고학자들은 시베리아에서 기온 상승으로 영구동토층이 녹은 곳에서 이 뼈들을 발견했다.

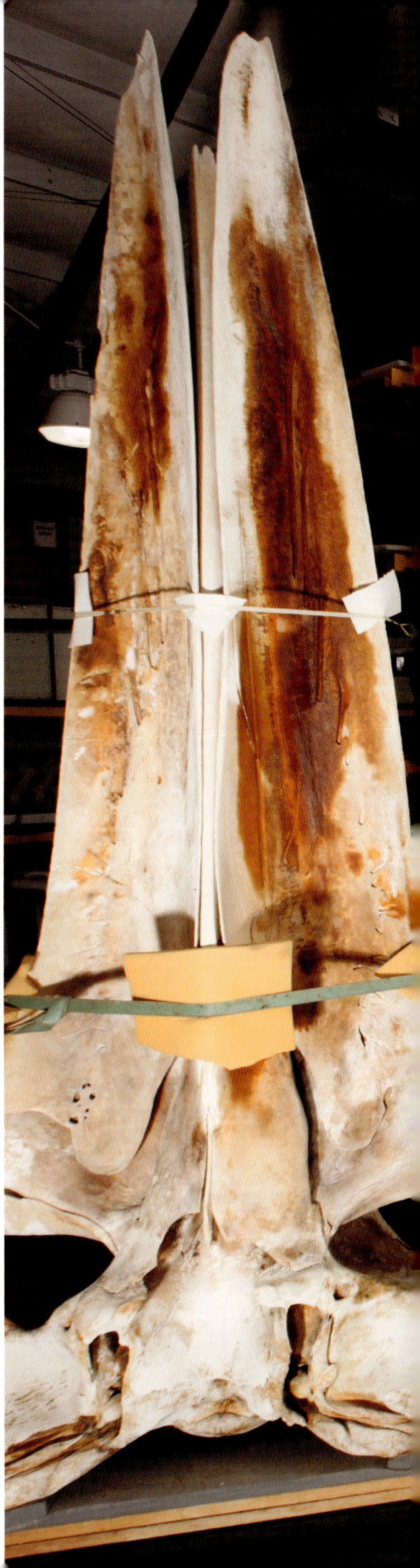

군용 물품 창고

박물관의 모든 소장품이 선반과 서랍에 산뜻하게 보관되어 있는 것은 아니다. 영국 도싯의 탱크 박물관에는 1915년 영국에서 만든 세계 최초의 탱크인 '리틀 윌리'부터 지금도 쓰이는 영국제 탱크인 '챌린저 2'에 이르기까지 거대한 탱크 300대가 보관되어 있다. 이 탱크들은 모두 어딘가에 보관해야 하지만, 그러려면 공간과 수고가 많이 필요하다. 박물관은 이 난제를 좋은 기회로 바꾸었다. 수장고를 일반에 공개한 것이다. 박물관 수장고 자체를 전시실로 삼을 수 있음을 보여 주는 사례다. 또 이 박물관에서는 관람객이 복원 작업장도 방문할 수 있다. 그래서 진짜 탱크가 수리되고 복원되는 과정을 지켜볼 수 있다.

군용기

박물관의 인공물을 실내에 들여 넣을 수 없을 때에는 바깥에 보관하기도 한다. 미국 애리조나의 피머 항공 우주 박물관이 그렇다. 이 항공기들은 놀라운 전시물의 일부이다. 넓은 사막에 수백 대의 항공기가 늘어서 있다.

색다른 박물관

모든 박물관이 아주 귀한 유물과 과학 표본을 모으는 데 몰두하는 것은 아니다. 일상 생활용품이나 기이하거나 의외인 것들도 세계에서 가장 흥미로운 소장품이 된다. 주제가 고양이든 말 그대로 쓰레기든 간에, 그 주제에 속한 다양한 물품들을 모은 박물관이 어딘가에는 분명히 있다. 이런 별난 박물관 관람은 재미있으면서 매우 교육적이다. 주의! 좀 깔끔한 사람은 이런 별난 박물관이 마음에 안 들 수도 있다!

잡동사니 박물관

뉴욕의 이 박물관은 사람들이 버린 쓰레기에서 찾아낸 물건들을 1,000가지 넘게 모아서 만들었다. 주민들이 버리는 쓰레기가 무엇인지를 통해 동네가 시간이 흐르면서 어떻게 변하는지를 기록한다.

35

소장품을 모으는 데 걸린 햇수.

이 화장실 박물관에서 가장 인기 있는 전시물은 루이 14세의 옥좌 모양으로 만든 변기를 복제한 것이다.

술라브 국제 화장실 박물관

인도 델리의 이 별난 박물관은 관람객에게 화장실의 역사를 소개한다. 프랑스 국왕 루이 14세가 썼던 변기의 복제품과 푹신한 안락의자 변기도 있다. 좀 더 진지한 분위기도 풍기고자, 박물관은 위생적인 수세식 화장실이 없을 때 어떤 생명을 위협하는 질병들이 만연하는지도 설명한다.

초콜릿 박물관

독일 쾰른의 초콜릿 박물관은 기원전 450년경 중앙아메리카의 카카오 열매부터 오늘날의 초콜릿 공장에 이르기까지, 초콜릿의 역사를 보여 준다. 관람객은 박물관의 생산 시설에서 코코아 콩을 볶고 가는 일부터 시작하여 초콜릿이 어떻게 만들어지는지를 체험할 수 있고, 박물관이 특별 주문 제작한 거대한 초콜릿 분수도 볼 수 있다.

메구로 기생충 박물관

일본 도쿄의 기생충 박물관에는 인간과 동물을 숙주로 삼는 기생충 표본 수천 점과 상세한 자료가 있다. 가장 놀라운 표본은 길이 9미터의 촌충이다. 회를 먹은 지 3개월 된 한 남성의 몸에서 꺼냈다.

45,000
이 박물관에서 소장한 표본 수.

수도 박물관

베이징의 수도 박물관은 중국 최초의 물 처리 시설이 있던 곳에 들어선 아파트 단지에 있다. 이 별난 박물관은 베이징의 수돗물 역사를 보여 준다.

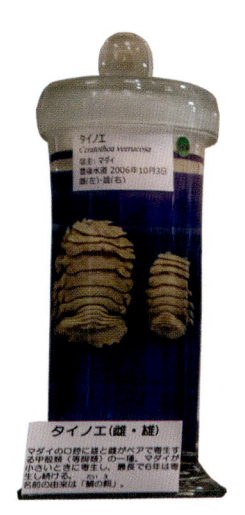 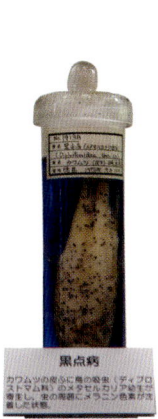 

고양이 박물관

말레이시아 쿠칭의 고양이 박물관은 약 5,000년에 걸친 고양이의 역사를 보여 준다. 고대 이집트의 고양이 미라도 있다.

4,000
박물관의 소장품 수.

그밖에 최고의 박물관

▶ **나쁜 미술 박물관**
미국 매사추세츠에 있는 사립 박물관이며, 이름 그대로 좋은 평가를 받지 못한 미술 작품들을 골라 전시회를 연다.

▶ **유럽 빵 박물관**
1만 8,000점의 유물과 예술 작품을 통해 6,000년에 걸친 빵의 역사를 보여 주는 박물관으로 독일에 있다.

▶ **파리 하수도 박물관**
파리 지하에 있는 이 박물관은 500년에 걸친 하수 처리 역사를 보여 주는 박물관으로 프랑스 파리 지하에 있다.

▶ **칸쿤 수중 박물관**
멕시코 칸쿤 주변의 산호초는 관광객, 보트, 잠수부 때문에 훼손되어 왔다. 그래서 사람들이 취약한 산호초 근처에서 헤엄치는 것을 막기 위해 수중 조각 공원을 지었다.

박물관은 미래 세대가 역사를 배우고 이해할 수 있도록
과거를 보존하기 위해 열심히 노력한다. 해저에서 영국
튜더 왕조 시대의 난파선을 끌어올릴 가장 안전한 방법을
찾아내거나 고대의 갑옷을 옛 모습 그대로 복원하는 등
뛰어난 실력을 갖춘 보존 처리사들은 귀한 유물들을 부패,
노후, 성가신 해충으로부터 보호한다. 보존 처리사들의
전문성이 없다면, 많은 역사 유물은 수리할 수 없이
훼손되었거나 아예 영원히 사라졌을 것이다.

역사를 지키는 일

4

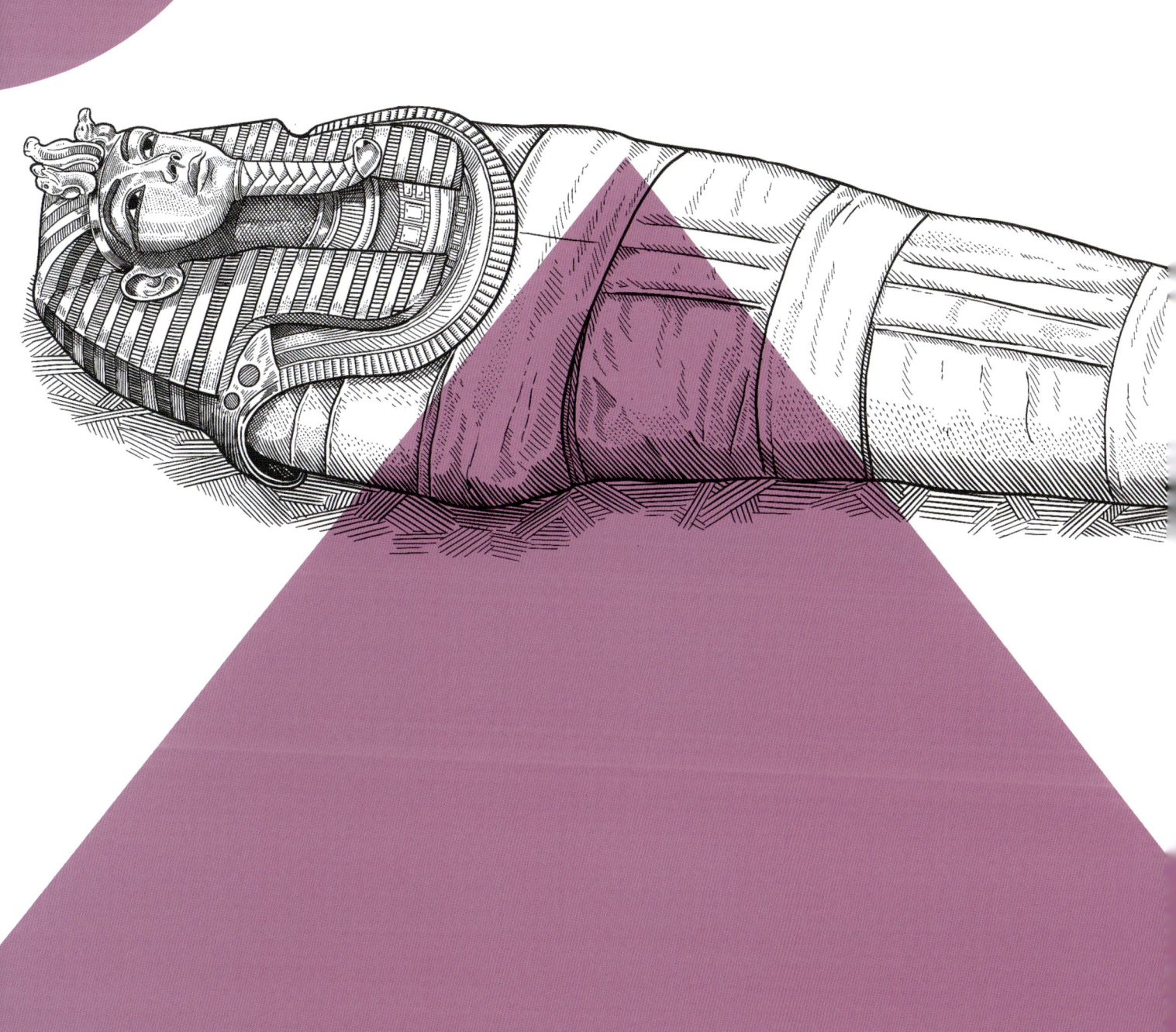

전시실 뒤편의 역할
보존 처리사

보존 처리사는 미래 세대가 보고 연구할 수 있도록, 역사 유물을 좋은 상태로 유지하는 일을 맡는다. 유물이 노출되는 환경의 빛, 온도, 습도를 조절함으로써 유물을 좋은 환경에서 보관하기 위해 노력한다. 수리한 부위가 되도록 눈에 띄지 않도록 하면서 부서진 유물을 복원해야 할 때도 있다. 보존 처리사는 대부분 각자의 전문 분야가 있다. 서적과 토기에서 고대 조각상과 공룡 화석에 이르기까지 저마다 다른 분야의 전문가이다.

수리와 복원 작업
유물이 실수나 사고로 부서지면, 보존 처리사는 원래의 모양과 똑같아 보이도록 수리하고 복원한다. 중국의 고궁 박물관에서 보존 처리사들이 아름다운 도자기를 복원하고 있다.

흔들림 없는 손길 ▲
미국 펜실베이니아의 펜 박물관에서 보존 처리사가 기원전 1070년에서 기원전 664년경에 살았던 고대 이집트인 네스페카슈티의 미라를 복원하고 있다. 미라를 감싼 리넨을 보호하기 위해서 속이 비치는 천을 덧대는 중이다.

꼼꼼하게 청소하기

보존 처리사는 시간이 흐르면서 더러워진 유물을 청소하면서 많은 시간을 보낸다. 유물에 손상을 입히면 안 되므로, 대개 작은 붓으로 먼지를 부드럽게 떨어내곤 한다. 그것으로 부족해서 세제를 써서 닦아야 할 때도 있다. 그럴 때에는 유물이 어떤 물질로 이루어져 있는지 조사하고 다양한 화학 물질에 어떻게 반응하는지를 먼저 검사한다.

달에 간 최초의 우주복

1969년 미국 우주 비행사 닐 암스트롱은 인류 최초로 달에 발을 디뎠다. 맞춤 제작한 암스트롱의 우주복은 극한 온도와 태양 복사선을 막아 주었다. 이 우주복은 몇 개월만 쓸 수 있도록 만들어졌다. 역사적인 달 착륙이 이루어진 지 50년이 넘은 지금은 재료들이 빠르게 삭고 있다. 암스트롱이 아폴로 11호 임무를 마치고 돌아왔을 때의 상태 그대로 유지하도록 우주복을 관리하는 일은 보존 처리사에게 엄청난 도전 과제다.

이 우주복은 21겹의 다양한 물질로 되어 있다.

아폴로 11호 우주복

아폴로 11호 임무 때 우주 비행사들—닐 암스트롱, 에드윈 '버즈' 올드린, 마이클 콜린스—이 입은 우주복은 달에서의 극심한 온도 변화와 태양 복사선, 고속으로 날아다니는 입자를 막을 수 있도록 설계되었다. 우주복의 무게는 약 36킬로그램이었다. 지구에서는 아주 무거웠지만, 중력이 약한 달의 환경에서는 훨씬 가볍게 느껴졌다.

▶ 스스로 파괴되는 물질

암스트롱의 우주복은 '탈기'라는 과정을 통해 산성 기체를 내뿜는 합성 물질로 만들어졌다. 방출된 산성 기체는 우주복을 망가뜨린다. 우주복에는 두 가지 이상의 서로 다른 물질들이 만나는 부위들이 곳곳에 있다. 그런 곳들은 더 일찍 삭는다. 예를 들어, 지퍼는 고무와 구리로 되어 있으며, 서로 해로운 반응을 일으키는 물질이라서 다른 부위보다 빠르게 삭는다.

달 먼지

아폴로 11호 탐사를 마쳤을 때, 장갑과 우주복 하체는 달 먼지를 뒤집어썼다. 달 먼지는 알갱이가 아주 날카롭다. 오른쪽의 전자 현미경 사진이 잘 보여 준다. 보존 처리사는 이런 달 먼지를 떨어내지 않고 놔두었다. 우주복 역사의 중요한 일부이기 때문이다.

전시 중

마네킹 지지대

우주복을 워싱턴의 스미스소니언 국립 항공 우주 박물관에서 전시할 때, 보존 처리사들이 속이 빈 마네킹을 새롭게 디자인했다. 전시 상자 안의 공기를 빨아들여서 우주복 안으로 들여보내 순환시킴으로써, 우주복의 고무에서 나오는 기체가 쌓여서 우주복에 손상을 입히는 것을 막는 구조였다.

이 걸쇠에 헬멧을 씌워 우주복 위에 얹어 놓는다.

마네킹에 난 구멍을 통해서 공기가 우주복 안팎으로 순환된다.

부식

시간이 흐를수록 우주복의 파란색과 빨간색 알루미늄 연결부는 부식된다(공기의 산소와 반응하여 삭는다). 보존 처리사는 이 부식이 어느 정도는 예전에 이 연결부를 만졌던 사람들의 손에 묻은 염분과 기름 때문에 일어난다고 본다.

우주복 보관소

미국 우주 탐사 계획에 쓰인 우주복들을 세계에서 가장 많이 모아 놓은 곳은 버지니아에 있는 미국 국립 항공 우주 박물관의 스티븐 F. 우드바 헤이지 센터이다. 여러 보존 처리사들이 이 역사적인 우주복들을 관리하고 보존하는 일을 맡고 있다. 이곳에는 200점이 넘는 우주복이 보관되어 있는데, 닐 암스트롱의 우주복처럼 삭고 있는 것이 많다. 더 이상의 손상을 막기 위해서, 우주복들은 온도가 약 16도로 유지되고 습도도 알맞은 곳에 보관된다.

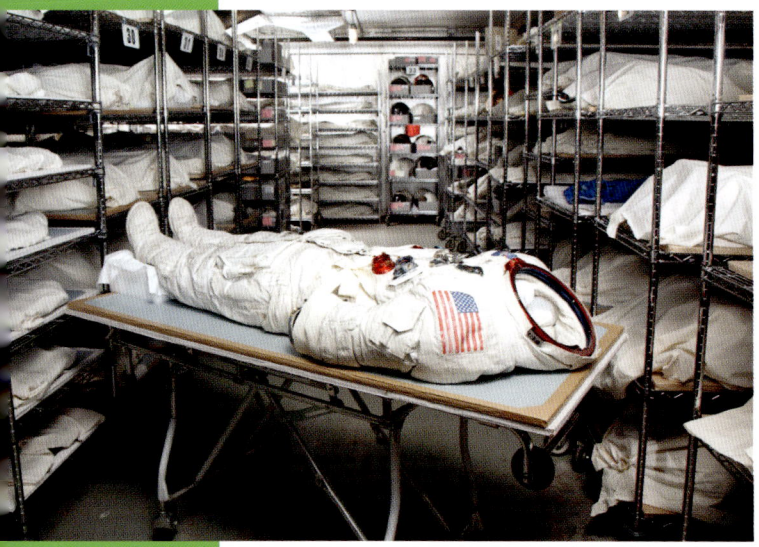

서늘한 환경 유지

헬멧과 장갑은 우주복과 따로 보관한다. 헬멧과 장갑을 떼어 두므로, 신선한 공기가 우주복 안으로 순환할 수 있고, 우주복에서 생기는 기체가 안에 쌓여서 우주복을 손상시키는 것을 막는다. 또 실내 밝기도 정기적으로 점검하여 관리한다. 빛에 노출되면 수선할 수 없는 영구 손상이 일어날 수도 있기 때문이다.

메리로즈호 인양

영국왕 헨리 8세의 재위 기간은 1509년~1547년이었다. 1511년에 건조를 마친 메리로즈호는 헨리 8세의 함대에 속한 기함이었다. 배는 1545년 7월 일어난 솔렌트 해전에서 침략해 온 프랑스 함대로부터 영국을 지키다가 침몰했다. 1830년대에 용감한 잠수부들이 짧게 조사했던 일을 빼면, 메리로즈호는 426년 동안 해저에 누워 있다가 1971년에 재발견되었다. 그 뒤로 인양되어서 미래 세대를 위해 보존되고 있다.

◀ 가라앉은 배 끌어올리기

길이 35미터에 이르는 로즈메리호는 1982년 인양을 위해 특수 설계된 틀과 받침대를 써서 끌어올려졌다. 선체(배의 몸통)를 강철 볼트와 케이블로 틀에 묶은 뒤에 바로 옆 해저에 댄 받침대 위로 조심스럽게 옮겼다. 그런 뒤 기중기로 천천히 물 위로 끌어올렸다.

물에 담근 유물

고고학자들이 메리로즈호를 인양할 때, 이 거대한 닻을 비롯하여 아주 많은 유물도 함께 올라왔다. 박물관은 물에서 발굴된 유물들을 어떻게 보존하는 것이 최선인지를 판단할 때까지 수조에 담가 두었다.

수중 발견

메리로즈호의 선체 안에서 발견된 유물은 약 1만 9,000점에 이르며, 선원들의 일상생활을 알려 준다. 고고학자들은 개의 뼈도 발견했다.

박물관 조사단은 배의 개에게 '해치'라는 이름을 붙였다. 해치는 드나들기 위해 갑판에 구멍이다.

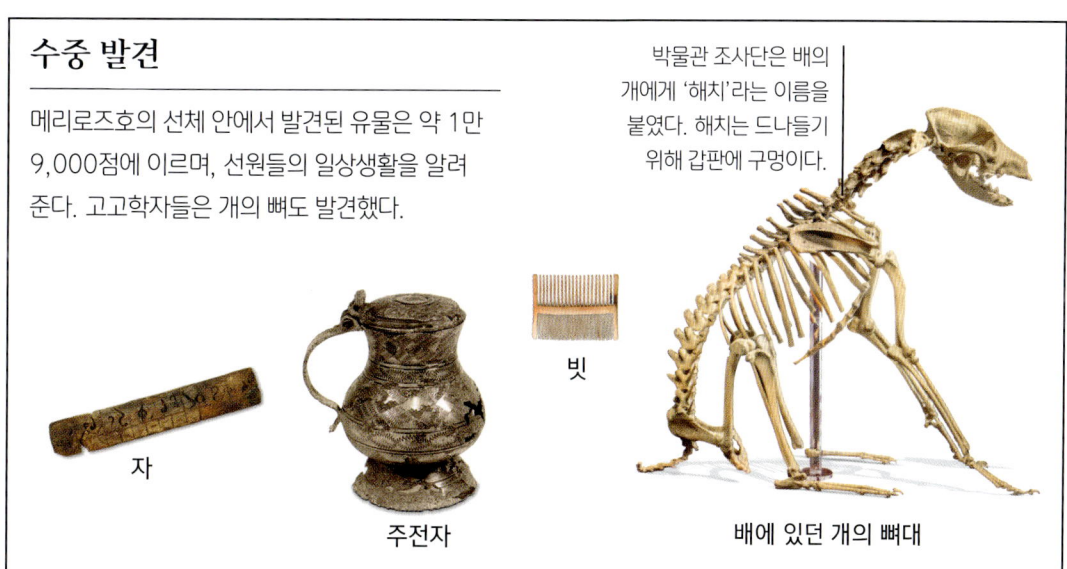

자 주전자 빗 배에 있던 개의 뼈대

튜더 왕조의 보물

1982년 인양된 메리로즈호는 금방이라도 바스러질 듯했다. 보존 처리사들은 여러 해에 걸쳐서 배의 상태를 안정시켰다. 목재는 너무 빨리 마르면 비틀리고 갈라지기에 계속 물을 뿌려서 젖은 상태를 유지해야 했다. 처음에는 물을 뿌렸고, 그 뒤에는 서서히 배의 구조를 유지하는 데 도움이 되는 화학 물질인 폴리에틸렌글리콜(PEG)로 대체했다. 배를 끌어올린 지 30여 년이 지난 2013년에, 보존 처리사들은 목재가 말려도 될 만큼 안정되었다고 판단하여 PEG 뿌리기를 멈추었다. 이후 메리로즈호는 영국 포츠머스의 온도와 습도가 세심하게 조절되는 웨스턴 십 홀에서 영구 전시되고 있다.

메리로즈 박물관

2013년 영국 포츠머스에 메리로즈 박물관이 새롭게 문을 열었다. 박물관은 메리로즈호의 선체가 전시되고 있던 건선거, 즉 배를 수리하기 위해 푹 파서 만든 공간을 중심으로 세워졌다. 건물을 짓는 내내 배의 보존 작업은 계속되었다.

녹슨 대포 복원 작업

전투의 흔적이 가득한 무기도 예전의 말끔한 모습으로 복원할 수 있다. 프랑스 파리에 있는 군사 박물관 앵발리드에서는 뛰어난 전문가들이 18세기 프로이센 대포를 복원하는 일을 했다. 무지막지해 보이는 기술까지 세심하게 잘 활용해서 박물관의 모든 복원 과정에 섬세한 기술이 쓰이는 것은 아님을 보여 주었다.

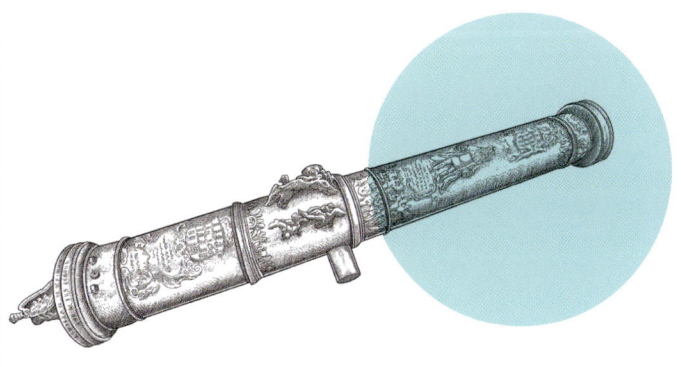

섬세한 세부 묘사

이 청동 대포는 전쟁 무기치고는 꽤 섬세하게 장식되어 있다. 프로이센의 고위 관리를 묘사한 부조를 비롯하여 정교하게 새겨진 문양이 곳곳에 있다.

◀ 모래 쏘기

1 기술자들은 먼저 대포에 모래를 쏘아서 표면을 청소했다. 고압으로 뿜어 나온 모래가 대포에 묻어 있던 먼지와 녹을 제거했다.

수분 제거하기

2 그다음에는 노즐이 세 개 달린 가스 토치로 대포를 가열했다. 금속을 녹슬게 하는 수분을 모조리 증발시키는 것이다.

왁스를 칠해 보호하기

3 대포가 아직 따뜻한 상태일 때, 왁스를 칠했다. 왁스는 청동을 보호하고 광택이 나도록 한다. 왁스칠을 마치면 복원 작업이 끝난다.

여성 참정권 스크랩북 보수

역사 유물 중에는 종이로 된 것이 많다. 종이는 적절히 관리하면 아주 오래가는 물질이다. 에이다 플랫먼은 20세기 초에 여성의 투표권을 얻기 위해 애쓴 영국의 여성 참정권 운동가(서프러제트)였다. 플랫먼은 당시 여성 참정권 운동에 관한 신문 기사, 전단지, 사진 등을 모은 스크랩북을 만들었다. 이런 스크랩북은 다양한 종류의 종이가 들어 있어서 보존하기가 까다롭다.

종이 보존 방법 ▶

플랫먼의 스크랩북을 이루는 재료들은 오랜 세월을 견뎌 왔지만, 시간이 흐르면서 점점 약해졌다. 군데군데 찢긴 곳도 있고, 떨어져 나간 조각들도 있다. 보존 처리사는 보존을 위해 화학 물질을 묻힌 스펀지로 스크랩북을 한 장 한 장 꼼꼼히 닦아 냈다. 그러고는 닥나무 섬유로 만든 아주 얇은 닥종이를 풀에 발라 덧대어서 찢긴 부위를 수선한다.

기억을 보존하는 책

이 녹색 책은 에이다 플랫먼이 1908~1912년에 만든 스크랩북 세 권 중 하나다. 런던 박물관에 있다.

보존 처리사는 확대 안경으로 스크랩북의 상태를 아주 자세히 살펴볼 수 있다.

접히거나 구겨져 있던 부위는 몹시 약해져 있다.

이거 아니?
1893년 뉴질랜드는 세계 최초로 여성에게 투표권을 주었다.

보존 처리사는 수선할 때 넓은 것부터 좁은 것까지 다양한 크기의 붓을 쓴다.

남극 대륙 탐험 일지

2012년 뉴질랜드의 남극 대륙 헤리티지 트러스트는 스콧 선장이 남극점 탐험을 할 때 작성했던 102년 된 일지를 발견했다. 이 일지는 혹독한 환경에 있었기에 더욱 섬세한 복원 작업이 필요했다.

1 원래 일지를 묶었던 끈이 삭아서 떨어졌기에, 보존 처리사는 낱장을 하나하나 떼어 내서 복원이 필요한 장들을 늘어놓았다.

2 낱장에 닥종이를 붙여서 꼼꼼하게 수선한 뒤, 스캐너를 써서 한 장씩 스캔해 일지의 디지털 사본을 만들었다.

3 마지막으로 낱장들을 순서대로 모으고 원래의 표지를 입힌 뒤 다시 묶어서 스콧의 일지를 복원했다.

탐욕스러운 벌레들

박물관의 천, 목재 가공품, 동물 표본 등은 성가신 해충에게 맛 좋은 먹이가 된다. 소중한 유물이 해충의 입에 쉽게 훼손되거나 파괴될 수 있으므로, 박물관은 어떻게 해야 소장품을 잘 전시하고 보관할지 매우 신경을 써야 한다.

▼ 종이를 씹어 먹는 벌레

좀은 종이를 아주 좋아하는 파괴적인 벌레다. 어둡고 습한 곳에서 번성하므로, 박물관 직원들은 이 벌레가 종이 유물을 파괴하는 것을 막기 위해 습도를 유지하는 데 신경을 써야 한다.

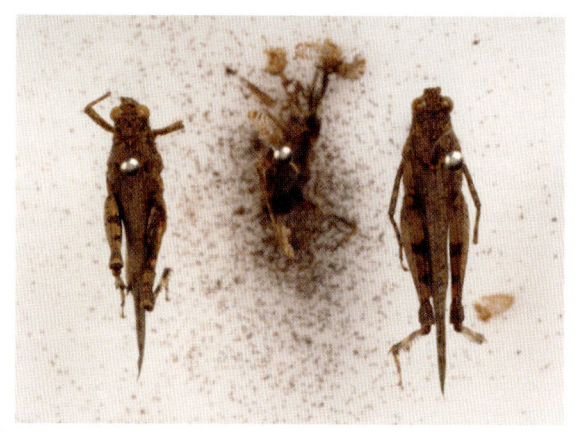

곤충을 잡아먹는 곤충

곤충은 박물관에 있는 유물만 먹는 것이 아니다. 다른 곤충도 먹는다! 그것도 곤충 표본을 먹기도 한다. 위 사진은 런던 자연사 박물관이 소장한 메뚜기 표본이며, 이중 한 마리가 융단수시렁이(학명: *Anthrenus scrophulariae*)에게 먹혔다.

이거 아니?
좀은 공룡보다도 더 먼저 땅 위를 돌아다녔다.

- 축축한 종이는 좀이 특히 좋아하는 먹이다.
- 좀은 종이뿐 아니라 책을 묶을 때 쓴 풀도 먹어 치운다.

해충 방제하는 방법

박물관은 예전에는 해충을 없애기 위해 유독한 화학 물질을 쓰곤 했다. 하지만 화학 물질은 사람과 소장품에도 해를 끼칠 수 있다. 지금은 '무산소 처리'를 한다. 해충이 있는 소장품을 공기가 통하지 않는 밀폐된 공간에 넣고 쇳조각을 담은 주머니도 넣어 둔다. 쇠가 녹슬면서 공기의 산소를 없앤다. 밀폐된 공간에서 산소가 없어지면 해충은 숨 쉴 수가 없어 죽는다.

라일리가 미술관의 보호 서비스 및 보존 팀의 일원이라고 적혀 있다.

해충 방제 사역견

2018년 미국 보스턴 미술관은 '라일리'라는 개를 새로운 해충 방제 요원으로 고용했다. 라일리는 바이마라너 품종의 강아지로서 후각이 아주 뛰어나며, 해로운 곤충의 냄새를 맡으면 짖어서 직원에게 알리도록 훈련을 받았다.

해충의 종류

많은 박물관은 해충을 예방하고 대처하기 위한 해충 방제 계획을 세워 놓고 있다. 설치류, 조류, 박쥐 같은 동물의 침입을 막고, 드러나지 않게 기어 다니면서 영구 손상을 입히곤 하는 작은 곤충도 막아야 한다.

애옷좀나방

천연 섬유와 털가죽을 먹고사는 해충이다. 보존 처리사는 끈끈이에 애옷좀나방 암컷의 성호르몬을 발라서 수컷을 꾀어 잡곤 한다.

나무좀

나무로 만든 물건을 파먹어서 엄청난 피해를 입힌다. 보존 처리사는 오염된 소장품을 영하 30도의 냉동고에 3일 동안 넣어 얼려 둠으로써 애벌레를 죽이고 나무좀의 피해를 막을 수 있다.

옷좀나방 애벌레

털이 북실북실한 옷좀나방의 애벌레는 양털, 털, 깃털을 먹어 치운다. 직물과 동물 표본은 정기적으로 꺼내어 옷좀나방 애벌레가 슬지 않았는지 살펴볼 필요가 있다.

꿰매어 고정하기
깃발이 찢어지지 않도록 오래전에 뒷면에 리넨 천을 덧대어 꿰맸다. 안타깝게도 이 방법은 도움이 되기보다는 좋지 않은 영향을 더 미치고 있었기에, 보존 처리사는 170만 개의 땀을 하나하나 뜯어서 떼어 냈다.

스펀지로 청소하기
마른 스펀지로 깃발 표면에 묻은 먼지를 닦아 냈다. 그런 다음에 세제를 섞은 물로 천의 수명에 좋지 않은 오염 물질도 제거했다.

성조기, 미국의 국기

미국 국기는 1777년에 처음 쓰였다. 하지만 현재 '성조기'라고 불리게 된 국기는 1813년에 만들어진 것이다. 높이 9미터에 폭 12미터 크기의 이 깃발은 독립을 상징했다. 또 미국 국가도 성조기에 영감을 받아서 만들어졌다. 성조기의 인기가 워낙 좋아서 사람들이 이 깃발을 군데군데 잘라서 기념물로 가져갔다. 그래서 약 2.4미터 길이가 사라졌으며, 보시다시피 구멍 나고 찢긴 부위가 많다.

적절한 각도

이 깃발은 미국 국립 미국사 박물관에 전시되어 있다. 원래는 벽에 걸려 있었지만, 지금은 온도와 습도, 조명이 알맞게 조절되는 상자 안에 뉘어 놓아 천에 별 부담이 없는 상태로 있다.

전시 중

◀ 성조기

조지 아미스테드 장군은 미국 볼티모어의 맥헨리 요새에 미국의 힘과 저항을 상징할 새 깃발을 내걸고 싶었다. 메리 피커스질은 미국 연합의 주들을 나타내는 15개의 별과 15개의 줄을 꿰매어 깃발을 만들었다. 이 성조기를 보존하는 데 700만 달러의 비용이 들었다.

엉킨 섬유

보존 처리사들은 깃발의 상태를 알아보기 위해서 천을 조금 떼어 내어 3,000배 확대해 관찰했다. 미세한 손상까지 상세히 살펴보고서, 더 나빠지는 것을 막는 조치를 취할 수 있었다.

올이 드러난 천

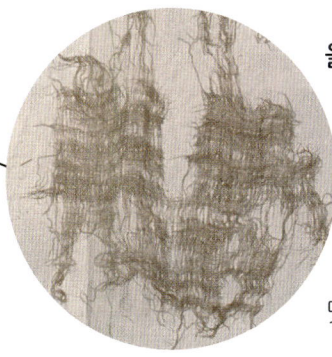

깃발을 이루는 천은 시간이 흐르면서 군데군데 삭아서 매우 약해졌다. 보존 처리사는 스테이빌렉스라는 폴리에스터 섬유로 새로운 천을 깃발 아래에 덧대어 꿰매서 안정시켰다.

미국 국립 미국사 박물관

1964년 수도 워싱턴에 설립되었으며, 스미스소니언 박물관의 일부이다. 미국 역사에 관한 유물을 가장 많이 소장한 곳이다. 전시물이 180만 점을 넘으며, 연간 약 400만 명이 찾고 있다.

오세베르그 배

바이킹은 8~11세기에 스칸디나비아에 살던 원양 항해 민족이었다. 뛰어난 배를 만들었던 바이킹은 서쪽으로 북아메리카, 동쪽으로 카스피해까지 아주 먼 거리를 항해하곤 했다. 820년경에 만들어진 오세베르그 배는 1903년 노르웨이의 한 농장에서 발견되었다. 거의 온전한 모습 그대로 발견된 배는 834년경에 두 명의 바이킹 여성과 함께 구덩이에 묻힌 것이었다. 1904년 고고학자들이 발굴한 뒤로, 보존 처리사들은 21년에 걸쳐서 배를 말리고 조립하여 복원했다.

▶ 바이킹 보물선

고고학자들은 오세베르그 배 안에서 여성의 시신 두 구를 찾아냈다. 이 배를 무덤으로 삼았던 두 여성 중 한 명은 80대였고, 다른 한 명은 50대로 밝혀졌다. 또 배에는 수레 한 대, 썰매 네 대, 말, 소, 개의 뼈 다수, 값비싼 옷감, 장신구, 가정용품도 들어 있었다. 동물의 머리 모양을 새긴 기둥도 다섯 개 있었다.

소나무로 된 돛대는 높이가 10미터를 넘었다. 배는 노를 저어 움직였지만 돛으로도 움직일 수 있었다.

선체는 참나무 널빤지를 쇠 대갈못으로 박아서 이어 붙여 만들었다.

갑판은 소나무 널빤지로 만들어졌다.

배 양편에는 놋구멍이 15개씩 나 있다. 30명이 노를 저었다는 뜻이다.

노르웨이 바이킹 배 박물관

이 바이킹 배 박물관은 노르웨이 오슬로에 있는 문화사 박물관의 일부다. 아주 잘 보존된 바이킹 배 세 척이 전시되어 있으며, 해마다 60만 명이 찾는다. 배에 들어 있던 유물들도 함께 전시되어 있다.

섬세한 조각
오세베르그 배는 부유하거나 지위가 높은 사람이 탔던 듯하다. 섬세한 조각을 많이 해서 아름답게 장식되어 있었다.

뱃머리는 똬리를 튼 뱀 모양이었다.

발굴 당시의 모습
흙 둔덕에 묻혀 있던 배가 발견되자마자, 고고학자들이 달려들어 3개월이 채 안 되는 기간에 발굴했다. 축축한 흙에 감싸여 있던 덕분에 배는 거의 온전한 형태로 보존되어 있었다.

목재의 보존 처리
1900년대 초에 보존 처리사들은 이 나무배와 그 안에 든 유물들을 백반을 써서 말렸다. 불행히도 이 처리 방식은 나무 유물을 약화시켰다. 오늘날의 보존 처리사들은 여전히 이 문제를 해결하느라 고생하고 있다.

▶ 보존 과제

보존 처리사들은 오물과 먼지가 갑옷의 일부를 손상시켰다는 것을 알았다. 갑옷은 가죽, 뿔, 금속, 옻칠, 직물 등 아주 다양한 재료로 만들어졌다. 재료마다 서로 다른 방법과 세척액을 써서 갑옷의 상태를 안정시킨 뒤에야 전시할 수 있었다.

보존 작업 전의 사무라이 갑옷

복잡하고 정교하게 장식되어 있다.

그물 덧붙이기

보존 처리사들은 비단실로 나일론 그물을 덧대서 손상되고 삭은 재료를 보강했다.

섬유 해충 제거하기

흉갑의 비단 밑에서 100마리 넘게 발견된 곤충 껍데기를 하나하나 집게로 들어냈다.

스텐실로 장식된 가죽은 원래 색이 선명했으나 오랜 시간 빛에 노출되면서 점점 바랬다.

보존 처리사들은 접착제를 써서 갑옷에서 금이 간 옻칠 부위를 수선했다.

이 술 장식 같은 직물은 유달리 섬세하다.

사무라이 갑옷

2018년 런던의 영국 박물관은 18세기 일본 갑옷을 구했다. 12~19세기 일본의 무사 계급인 사무라이가 입던 것이었다. 이 갑옷은 실제 전투에 쓰던 것이 아니라, 의식 행사 때 쓴 것이다. 250시간이 넘는 보존 작업을 거친 뒤에 전시되었다. 어느 개인 수집가가 소장하고 있던 것이라서 보존 기록이 전혀 없었기에, 보존 작업이 더 힘들었다.

갑옷 청소
박물관에 온 갑옷은 혹시라도 다른 유물로 옮겨가서 피해를 입힐 수도 있는 해충이 들어 있을까 봐 처음 몇 달 동안 격리 보관되었다. 그 뒤에 보존 처리사들은 부드러운 붓과 작은 진공청소기로 먼지를 제거하기 시작했다.

나무 마네킹
8개월에 걸쳐서 250시간이 넘는 보존 작업을 거친 뒤, 갑옷을 전시할 준비가 되었다. 갑옷은 나무 마네킹에 입혀서 전시했다. 긁힘을 방지하고 모양을 잡기 위해 마네킹 곳곳에 부드러운 심을 덧댔다.

전시 중

작은 박물관

박물관 소장품들은 웅장한 전시실을 갖춘 커다란 건물에 전시되는 경우가 많지만, 작은 물품이나 작은 전시회라면 작은 공간도 충분히 괜찮다. 옛날 승강기나 버려진 공중전화 박스도 흥미로운 물품들을 전시할 공간으로 변신할 수 있다. 비록 한 번에 한 사람만 들어갈 수 있겠지만! 몇몇 작은 박물관은 맨눈으로는 거의 볼 수 없는 아주 작은 인공물과 생물 표본만을 모으곤 한다. 미생물부터 아주 작은 예술품에 이르기까지, 작은 물품들도 관람객의 시선을 얼마든지 사로잡을 수 있다.

바지주머니 박물관

스위스 바젤에서 거리를 지나는 사람들은 600년 된 유리창 너머로 이 작은 박물관을 들여다볼 수 있다. 전시물은 매달 바뀌며, 작은 향수병, 종, 손목시계, 스노글로브 등 추억을 불러일으키는 물품들이다. 대부분의 전시물은 바지주머니에 들어갈 만큼 작다. 그래서 이 박물관의 이름은 바지주머니 박물관이다.

이 오래된 공중전화 박스에는 중요한 옛 지역 인사들의 사진과 동네 역사를 보여 주는 물건들이 전시되어 있다.

왈리 박물관

영국의 작은 마을인 왈리타운 주민들은 쓰지 않는 오래된 공중전화 박스를 그냥 버리기가 아까웠다. 그래서 마을의 역사를 보여 주는 작은 박물관으로 삼았다.

미생물의 생김새를 보여 주는 확대 모형들이다.

미크로피아

네덜란드 암스테르담의 미크로피아는 우리가 미생물이라고 부르는 작은 생명체들의 숨겨진 세계를 보여 주는 박물관이다. 세균과 바이러스에서 물벼룩과 털집진드기까지 다양하다. 미생물 중에 우리를 병에 걸리게 하는 종류도 있긴 하지만, 이들이 없다면 지구의 생명도 없으리라는 진실을 일깨워 주는 곳이다.

미크라리움

영국 런던의 UCL 그랜트 동물 박물관은 박물관의 작은 공간을 '미크라리움'으로 바꾸었다. "작은 것들을 위한 공간"이다. 동물의 다양성을 보여 주는 현미경 슬라이드를 아주 많이 모아 놓은 곳이다.

2,323
미크라리움에 전시된 현미경 슬라이드의 수.

미콜라 시아드리스티 마이크로미니어처 박물관

우크라이나 키예프의 이 박물관은 아주 작은 예술품만을 전시한다. 독학한 예술가 미콜라 시아드리스티가 직접 만든 아주 작은 스케치, 조각품 등의 예술 작품이다. 관람객은 확대경을 통해 이 작은 예술품들을 자세히 살펴볼 수 있다.

피라미드와 낙타 행렬의 조각품은 바늘귀에 들어 있다.

뮤우지어엄(MMUSEUMM)

미국 뉴욕의 이 오래된 화물 승강기에는 치약과 우산 같은 일상용품들이 전시되어 있다. 소장품은 흔한 일상용품이지만, 모두 나름의 이야기를 간직하고 있다. 박물관이 문을 닫는 시간에도, 관람객들은 열쇠 구멍을 통해서 관람할 수 있다. 이 별난 전시물은 해마다 바뀐다.

그밖에서 최고의 박물관들

▶ **미무모**
면적이 2.3제곱미터에 불과한 작은 박물관으로 이탈리아 몬차의 가장 오래된 집 중 한 곳에 있다. 하루 24시간 일 년 내내 문을 열며, 다양한 화가들의 작품을 전시한다.

▶ **에드가의 벽장**
미국 앨라배마의 한 학교 교실인 이 박물관에는 미국 작가 에드가 앨런 포와 관련된 물품 수백 점이 전시되어 있다.

▶ **타이니 이(E), 세상에서 가장 작은 엘비스 박물관**
로큰롤 가수 엘비스 프레슬리(Elvis Preseley)를 기리는 이 박물관은 이동식 주택에 들어 있어 미국 전역을 돌곤 한다.

소장품 청소와 세척

귀하고 부서지기 쉬운 유물을 청소하는 일은 보존 처리사들이 전문으로 하는 일이다. 박물관 소장품은 꼼꼼하면서도 철저히 청소를 해야 한다. 유물을 깨끗하게 유지하는 주된 목적은 전시할 때 말끔해 보이도록 하는 것이 아니라, 잘 보호하고 오래 보존하는 데 있다. 계속 점검하지 않으면 먼지와 때, 그리고 (오물에 끌려서 모이는) 곤충 때문에 돌이킬 수 없이 훼손될 수 있다.

▼ 침으로 닦기

캐나다 로열 앨버타 박물관의 '손가락 바위'는 오랜 세월 많은 이들의 손때가 묻었다. 기름과 때가 쌓여서 표면이 반질반질해졌고 세척이 필요했다. 보존 처리사들은 사람의 침을 세제로 쓰기로 결정했다. 침에 들어 있는 아밀레이스라는 효소가 때를 잘 분해하기 때문이다. 보존 처리사 수전 그린이 자신의 침을 면봉에 묻혀서 이 바위를 침으로 닦아 내고 있다.

이거 아니?
보존 처리사 수전 그린은 '손가락 바위'를 닦아 내는 데 1,500개의 면봉을 썼다.

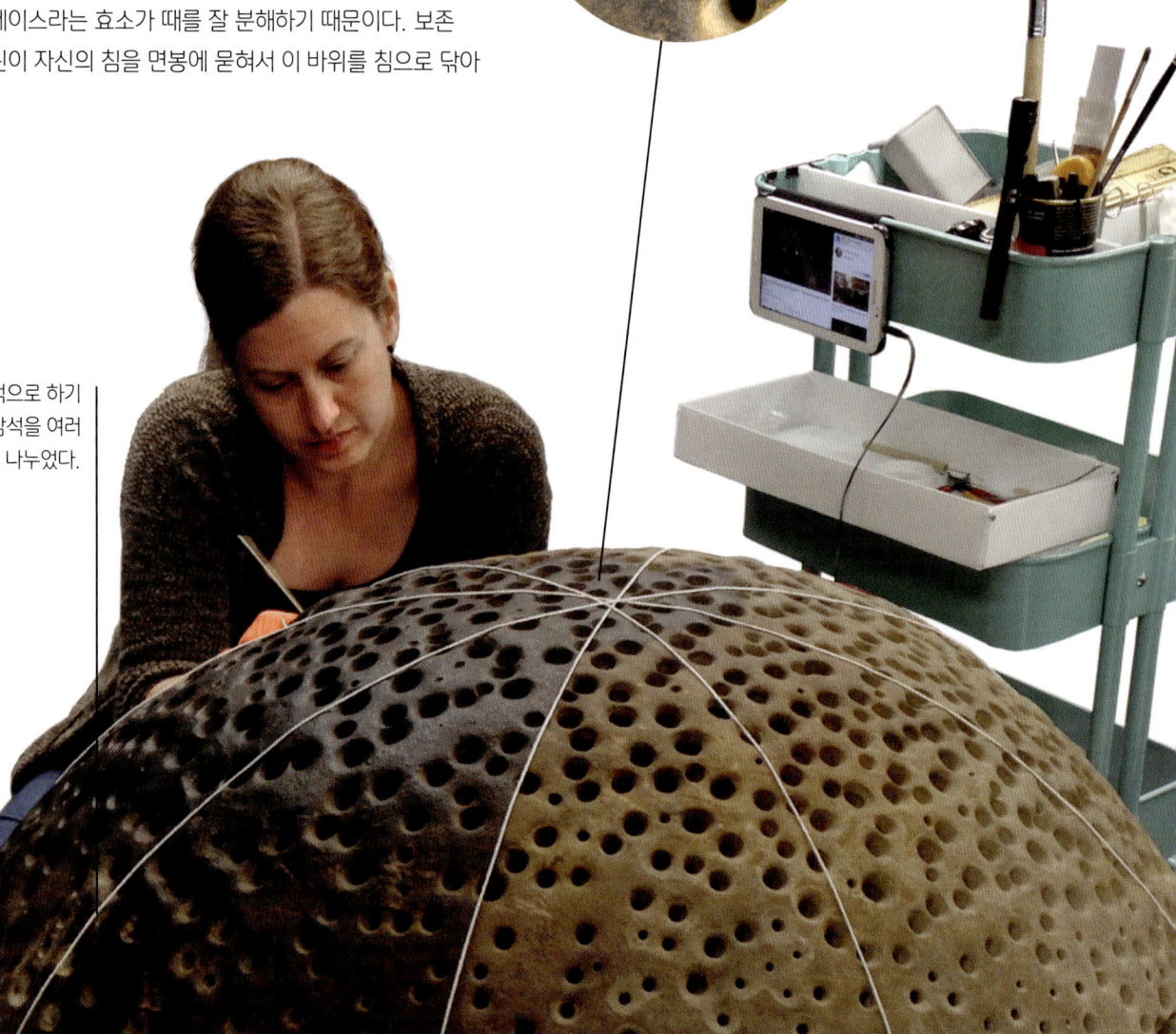

숨은 구멍
바위 표면에 난 많은 구멍을 닦는 동안, 보존 처리사는 구멍에서 부러진 연필, 막대기, 동전을 발견했다.

일을 체계적으로 하기 위해 실로 암석을 여러 구역으로 나누었다.

보존 처리사의 도구

특수한 일에는 특수한 도구가 필요하다. 아래 사진은 보존 처리사가 박물관 소장품의 해로운 것들을 제거하는 데 쓰는 도구들 중 일부다.

부드러운 붓은 표면에서 먼지 같은 것을 제거할 때 쓴다.

일회용 피펫은 액체를 조심스럽게 다룰 때 쓴다.

화학 물질은 자주 쓰지는 않지만, 매우 효과가 좋다.

굵은 스텐실 붓은 단단한 표면을 청소할 때 쓴다.

주사기는 손이나 다른 도구가 닿기 어려운 곳에 쓴다.

아주 날카로운 수술칼은 표면을 훼손하지 않으면서 오물이나 흠을 조심스럽게 잘라 내는 데 쓴다.

장갑은 손에서 나오는 기름이 유물에 묻지 않게 보호한다.

다양한 크기의 천연 및 합성 스펀지로 오물을 제거한다.

그물로 된 틀을 삭은 직물 위에 놓고 진공청소기로 먼지를 제거한다. 진공청소기에 직물이 찢기고 빨려 드는 것을 막는다.

청소 방법

박물관 보존 처리사는 돌, 종이, 나무, 금속 등 다양한 재료로 만든 온갖 물품을 다 맡는다. 물품의 종류에 따라서 청소 방법이 달라진다.

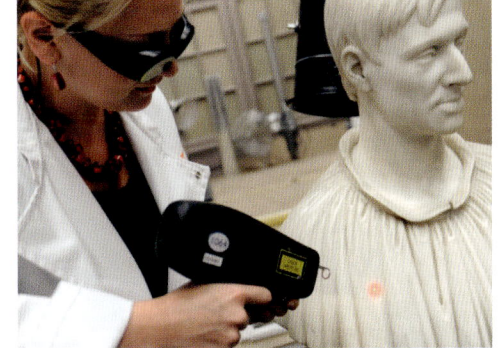

레이저 청소
오래된 석상이나 대리석상은 레이저로 청소한다. 레이저는 석상 자체는 훼손하지 않으면서 때만 없앨 수 있다. 과학자들은 청소 목적에 가장 맞는 레이저가 어떤 종류인지를 지금도 연구하고 있다.

먼지 빨아들이기
진공청소기를 직접 갖다 대면 유물에 손상이 일어날 수 있으므로, 먼저 부드러운 붓으로 먼지를 떨어낸 뒤, 좀 떨어진 곳에서 작동시켜 빨아들이는 방법을 쓴다.

마스크 맨 위쪽에 코브라 장식이 있다. 코브라는 하이집트의 상징이다. 그 옆의 독수리는 상이집트를 나타낸다.

이거 아니?
투탕카멘은 9세 때 이집트의 통치자가 되었다.

◀ 파라오의 황금 마스크
전문가들은 투탕카멘의 턱수염을 다시 붙일 때, 이 마스크를 처음으로 철저히 조사했다. 투탕카멘 마스크는 높이 54센티미터에 9킬로그램이 넘는 황금으로 만들어졌다. 유리와 보석으로 장식되어 있고, 마스크 뒤쪽에는 상형문자로 고대 이집트의 '사자의 서'에 나오는 문장이 새겨져 있다.

남색 띠는 유리로 만들었다.

파라오의 가면 수리

1922년 영국인 하워드 카터가 이끄는 고고학자들은 이집트 왕들의 계곡에서 젊은 파라오 투탕카멘의 무덤을 발견했다. 3,300년 동안 열린 적이 없는 무덤이었다. 무덤 안에는 투탕카멘의 황금 마스크를 비롯하여 다양한 보물이 들어 있었다. 마스크는 파라오 미라의 머리에 씌워져 있었다. 2014년 이집트 카이로의 이집트 박물관에서 사고로 마스크의 턱수염이 떨어져 귀중한 유물이 손상되었다.

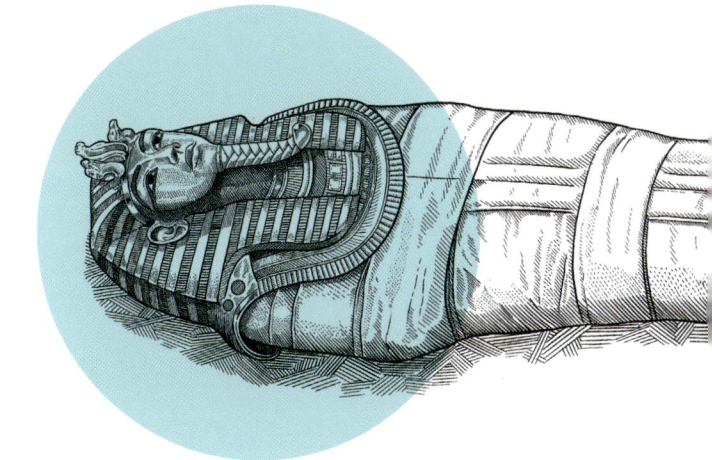

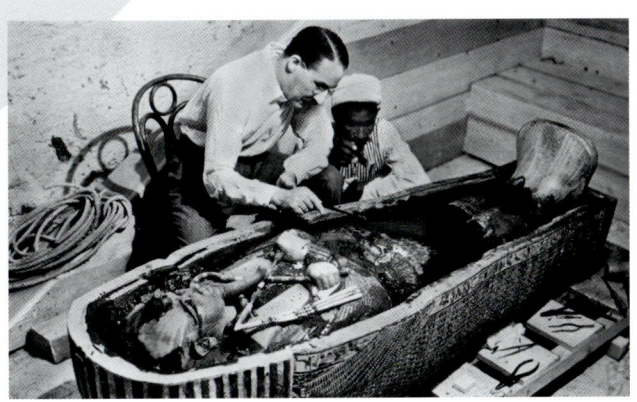

투탕카멘의 무덤

투탕카멘은 황금 옥좌 등 내세에서 살아가는 데 도움을 준다고 믿은 5,000가지가 넘는 부장품과 함께 묻혔다. 고고학자들은 무덤을 발견했을 때, 이 모든 부장품이 고스란히 들어 있다는 데 충격을 받았다. 왕들의 계곡에 있는 다른 무덤들은 대부분 도굴꾼이 가치 있는 물건을 다 훔쳐 간 상태였기에 놀라운 일이었다.

손상 수리

턱수염이 부러지자, 박물관에서는 에폭시 수지라는 접착제를 써서 마스크에 붙였다. 그런데 이 강한 접착제가 턱과 턱수염의 연결 부위에서 새어 나왔고, 넘친 접착제를 제거하려다가 그만 마스크를 훼손했다. 어설픈 수리 결과를 바로잡기 위해, 이집트와 독일의 전문가들은 먼저 마스크에 열을 가해서 접착제를 부드럽게 만들었다. 그런 뒤 나무 막대로 접착제를 긁어낸 뒤, 고대 이집트에서 쓰던 접착제인 밀랍으로 턱수염을 다시 붙였다.

보존 처리사가 나무 막대로 에폭시 수지를 긁어내고 있다.

석상 복원

전쟁이 벌어지면 문화 유물이 훼손되고 파괴되는 일이 흔히 일어난다. 조상들의 삶을 엿볼 수 있는 귀한 유물이 사라질 수 있다는 의미다. 2015년 시리아 내전 때, 유네스코 세계 문화유산으로 등록된 팔미라가 공격을 받았다. 도시의 많은 고대 보물이 파괴되거나 도둑맞았다. 내전이 끝난 뒤에 보존 처리사들은 훼손된 유물들을 가능한 한 예전의 모습대로 복원하려고 애썼다.

▲ 1 손상 파악하기
위 조각은 2세기에 만들어진 무덤 부조 흉상이고, 팔미라 공격 당시에 심하게 훼손되었다. 2017년 전문가들은 부서진 조각들을 모아 붙일 수 있었지만, 얼굴의 일부는 완전히 사라졌다.

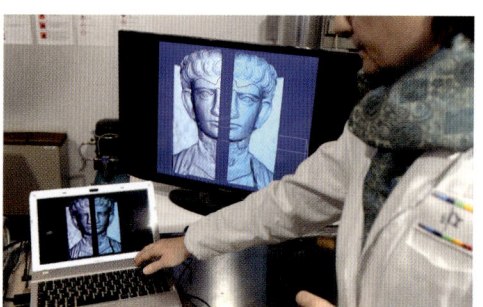

◀ 2 거울상 만들기
이탈리아 로마의 과학자들이 레이저를 써서 석상의 얼굴을 스캔했다. 그런 뒤 손상되지 않은 반쪽의 거울상을 디지털로 만들어서 사라진 반쪽이 어떤 모습이었을지를 추정했다.

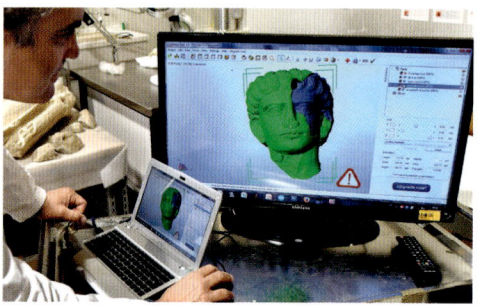

◀ 3 사라진 부위 설계하기
스캔 결과와 거울상을 써서, 연구진은 석상의 사라진 부위를 대신할 보철 부위를 디자인했다.

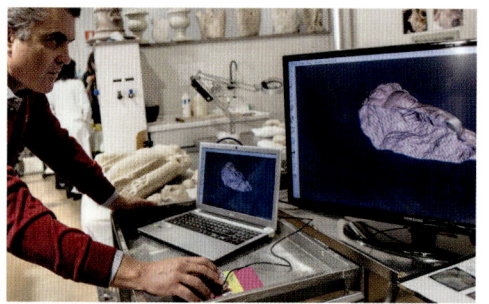

◀ 4 사라진 부위 만들기
설계를 마친 뒤 3D 프린터로 사라진 부위를 만들었다. 수지로 만들어진 보철 부위는 굳어서 단단해졌다.

이거 아니?
공격이 시작되기 전에 수천 점의 유물을 안전히 대피시켰다.

▶ 자석 붙이기

5 연구진은 자석 6개를 써서 보철 부위를 흉상에 붙였다. 사라진 조각이 발견되면 그대로 떼어 내기 위해서다.

보철에 붙인 자석들

석상에 붙인 자석들

▶ 복원된 보물

6 보철 부위를 자석으로 붙여 끼워서 석상을 복원했다. 이제 손상 자체도 역사가 된다. 이 석상은 팔미라로 돌아갔다.

보철 부위는 손상된 부위에 완벽하게 들어맞는다.

흉상에는 두 가지 언어로 글귀가 적혀 있다. 고대 그리스어(왼쪽)와 아람어(오른쪽)이다.

의상으로 미루어 볼 때, 이 사람은 엘리트 상인 계급이었던 듯하다.

공격자들은 망치로 이 석상을 훼손했다.

로자 파크스의 항의

1955년 12월 1일 미국 앨라배마주 몽고메리에서 2857번 버스에 타고 있던 아프리카계 미국인 승객 로자 파크스는 한 백인 남성에게서 자리를 비키라는 요구를 받았다. 파크스는 당시 백인과 흑인을 분리하는 인종차별 법에 맞서기 위해 거부했다. 이 용기 있는 행동으로 파크스는 미국 인권 운동의 상징이 되었다.

복잡한 사업

2001년 헨리 포드 박물관은 1955년 로자 파크스가 탔던 버스를 49만 2,000달러에 사들였다. 그런데 원래 상태로 복원하려니 많은 노력이 필요했다. 복원에 든 비용은 50만 달러가 넘었다.

방치되었던 버스
인권 운동에 중요한 의미가 있었지만, 이 버스는 30년 동안 앨라배마의 한 밭에 방치된 채 녹슬어 갔다. 유리창은 깨지고, 엔진과 좌석도 사라졌다.

수리와 복원 과정
박물관은 유리창과 실내를 복원하고 페인트도 칠해서, 1955년에 다니던 모습 그대로 재현했다. 기술자들은 버스와 비슷한 차량에서 부품을 떼어 와서 사라진 엔진도 복원했다.

◀ 복원된 버스
2857번 버스는 로자 파크스가 용감히 항의했던 1955년 당시의 상태로 복원되었다. 현재 헨리 포드 박물관에 전시되어 있으며, 박물관에서 가장 인기 있는 전시물 중 하나다.

연구하고 재현하는 일

박물관에는 전시 공간만 있는 것이 아니다. 전시실 뒤편에서 연구자들은 유물을 연구하여 가능한 한 많은 것을 밝혀내려고 애쓴다. 유물을 통해 이루어지는 연구는 믿기지 않을 만큼 다양하다. 고대 그리스 석상의 원래 색깔을 복원하고, 고대 조상의 머리뼈만으로 생전의 얼굴이 어떤 모습이었을지를 정확히 추정하고, 자연사 표본을 토대로 환경을 이해하고 보호할 수 있도록 돕는 일 등을 한다. 또 전문 지식을 토대로 놀라울 만치 정확하게 원본을 모사한 복제물도 만든다. 덕분에 호기심 많은 관람객은 부서지기 쉬운 소중한 원본을 위태롭게 하지 않으면서 역사 유물을 볼 수 있다.

얼굴 복원

고고학자들이 사람의 머리뼈를 발견하면, 다른 분야의 과학자들 및 조각가들과 협력하여 그 사람이 생전에 어떤 모습이었을지 보여 주는 실물 모형을 만들 수 있다. 이와 같은 '얼굴 복원' 작업은 해부학, 미술, 역사가 혼합된 결과이며, 수만 년 전에 살다가 죽은 조상을 상상하는 데 도움을 준다.

그리스 아크로폴리스 박물관

고대 그리스 유물들이 있는 아테네의 아크로폴리스 박물관은 새로 발견되는 유물이 너무 많아서 기존 박물관에서 다 받아들일 수 없게 되자 새로 지은 것이다. 아크로폴리스 박물관은 2009년에 문을 열었으며, 이후 10년 동안 관람객 1450만 명이 다녀갔다. 4,000점이 넘는 유물을 소장하고 있다.

▼ 과거의 얼굴과 마주하기

스웨덴의 얼굴 복원 전문가 오스카 닐손은 과학자들과 협력하여 거의 9,000년 전에 살았던 십 대 소녀의 얼굴 모형을 만들었다. 소녀의 머리뼈는 1993년 오늘날 그리스 중부에 있는 테오페트라 동굴에서 발견되었다. 연구진은 소녀에게 '아브기'라는 이름을 붙였다. 그리스어로 '새벽'을 뜻한다.

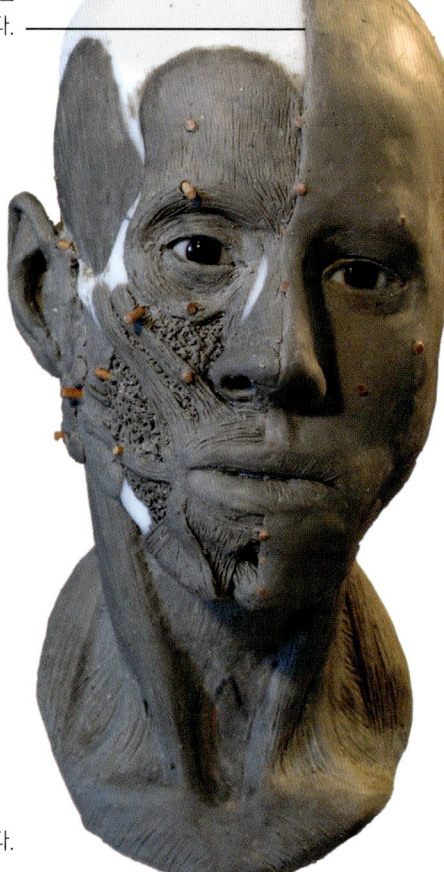

아브기의 뼈에 점토로 '살'을 붙여 준다.

3D 복제품도 아브기의 머리뼈처럼 이가 몇 개 빠져 있다.

민족을 고려할 때, 아브기의 눈은 아마 검은색이었을 것이다.

1. 머리뼈 복제하기
여러 각도로 사진을 찍어서 영상을 3차원으로 재구성하는 컴퓨터 단층(CT) 촬영을 활용했다. 아브기의 머리뼈를 CT 촬영 후 3D 인쇄하여 복제했다. 머리뼈 복제물로 머리를 복원한다.

2. 점토로 근육 붙이기
연구진은 복제된 머리뼈에 작은 플라스틱 막대들을 붙였다. 이 막대들은 얼굴 근육을 나타내는 점토층의 두께가 얼마나 되어야 하는지를 알려 준다.

3. 점토로 살 붙이기
근육이 생긴 모델에 점토를 층층이 더 세세하게 붙였다. 아브기의 나이, 체격, 민족 같은 요인들을 감안하여 복제된 머리뼈에 살을 얼마나 붙일지를 추정했다.

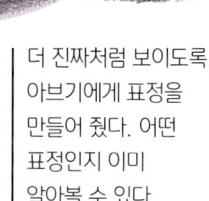

더 진짜처럼 보이도록, 아브기에게 표정을 만들어 줬다. 어떤 표정인지 이미 알아볼 수 있다.

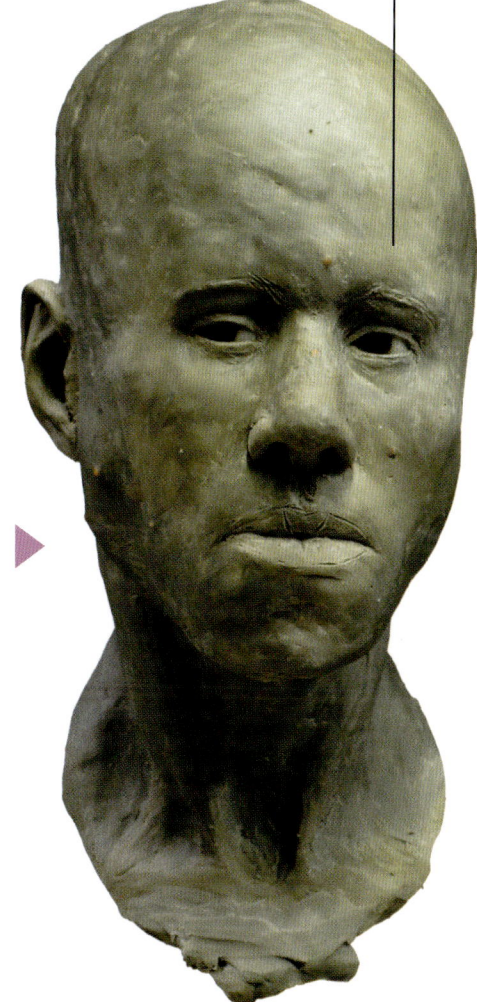

완성 직전 단계
조형된 모델에서 얼굴이 드러나기 시작했다. 수천 년 전 아브기의 모습이 어떠했을지 알아보는 것이 가능해졌다.

이거 아니?
이런 모형 한 개를 만드는 데 약 220시간이 걸릴 수도 있다.

완성된 얼굴
마지막으로 실리콘 '피부'를 입혀서 얼굴의 모양을 만들었다. 머리카락, 눈썹, 속눈썹을 붙여서 아브기에게 생기를 불어넣었다. 이 모형은 현재 아크로폴리스 박물관에 전시되어 있다.

진짜 색깔

오늘날 남아 있는 고대 세계의 대리석 조각상은 대부분 흰색이나 우유색이다. 하지만 처음부터 그랬던 것은 아니다. 전문가들이 아주 자세히 살펴보니 조각상의 대부분이 원래는 선명한 색깔의 물감으로 칠해져 있었다는 사실이 드러났다. 그리스 키오스섬에서 발견된 이 석상은 기원전 520년경에 만들어졌다. 오랜 세월 날씨와 햇빛에 노출되면서 색이 바랬지만, 원래 물감의 흔적을 일부나마 지금도 찾아볼 수 있다.

원래의 색소는 시간이 흐르면서 바랬고 그 아래의 대리석이 드러났다.

원래 석상

▶ 색깔 연구

과학자들은 다양한 기법을 써서 석상의 원래 색깔을 밝혀낼 수 있었다. 자외선과 적외선의 도움을 받아서 맨눈에 보이지 않는 물감의 흔적을 찾아냈다. 그런 뒤 물감 흔적에서 시료를 채취해서 화학 검사를 했다.

천연 색소

고대 그리스인은 색소에 달걀이나 밀랍을 섞어서 물감을 만들었다. 몇몇 물감은 독성이 있었다. 예를 들어 붉은색은 수은, 노란색은 비소로 만들었다.

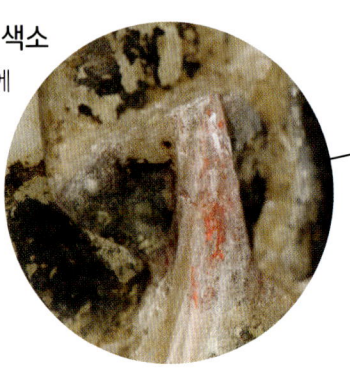

원본 석상을 정확히 본뜬 복제품이다. 연구자들이 원래 석상에 칠해져 있던 색깔을 밝혀내어 실제와 가까운 색으로 칠했다.

복제품도 오른팔은 사라진 그대로 놔두었다.

복제 석상

원본 석상의 원래 모습

이것은 고대 그리스 왕자 파리스의 석상으로 그리스 아이기나섬의 아파이아 신전 바깥에 세워져 있었다. 세월이 흐르면서 손상되어 있었다. 그래서 전문가들은 발견되었던 모습과 똑같은 복제품을 만들었다.

1 원래 이 파리스 석상은 활과 화살을 들고 있었겠지만, 지금은 사라지고 없다. 코와 발목도 부서져 사라졌다.

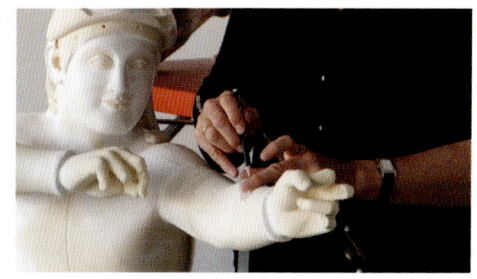

2 전문가들은 원본 석상의 형틀을 뜬 뒤, 형틀 안을 석고로 채워서 복제품을 만들었다. 원본에서 사라진 코, 발목, 활과 화살도 되살렸다.

석상은 여분의 화살도 들고 있다.

3 이어서 파리스 상을 고대에 칠했을 법한 색깔로 칠했다. 파리스의 옷에는 신화 속 동물들과 사자의 그림도 그려져 있다.

서튼 후 헬멧

1939년 이디스 프리티는 영국 서튼 후에 있는 자기 땅의 한 둔덕을 조사해 달라고 고고학자 배질 브라운에게 부탁했다. 두 사람은 둔덕에서 영국 역사상 가장 중요한 발견으로 손꼽히는 발굴이 이루어지리라고는 전혀 예상하지 못했다. 서튼 후의 땅속에는 7세기 앵글로색슨족 배 무덤의 잔해가 있었다. 놀라운 보물로 가득한 이 무덤은 중요한 전사, 더 나아가 왕의 것이었을지 모른다. 프리티는 발견된 유물을 모두 영국 박물관에 기증했다.

서튼 후의 다른 유물들

비록 헬멧이 가장 주목을 받고는 있지만, 무덤에는 보석류, 은식기류, 일상용품 등 온갖 보물이 함께 들어 있었다.

허리띠 버클
철과 금으로 된 이 허리띠 버클에는 꿈틀거리는 뱀을 비롯한 동물들이 장식되어 있다. 주인은 부유한 사람이었을 것이다.

칼 손잡이
무덤에서는 이 칼 손잡이 같은 전쟁 무기도 발견되었다. 전문가들은 주인이 아마 왼손잡이였을 것이라고 추정한다.

▶ 서튼 후 헬멧

묻힌 배에 실려 있던 유물 중 가장 놀라운 것은 철과 구리를 비롯한 금속으로 만든 전사의 헬멧이었다. 원래 발견될 때는 수백 조각으로 쪼개진 채였는데, 매우 공들여서 이어 붙였다. 첫 번째 복원 시도는 1947년에 끝났다. 하지만 그 뒤에 정확하게 복원되지 않았다는 조사 결과가 나오면서 1968년에 다시 복원이 이루어졌다.

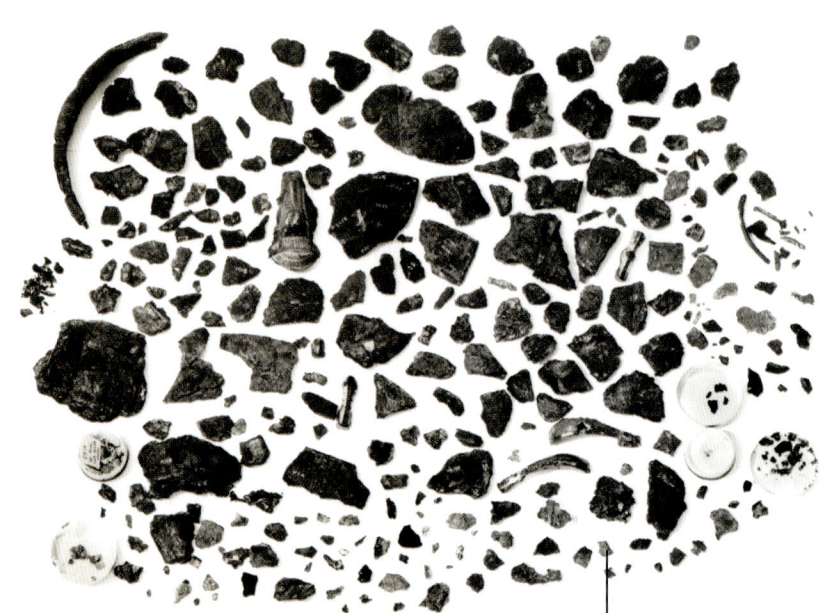

조각 맞추기
500조각이 넘는 녹슨 금속으로 도전한 역사적인 조각 맞추기 퍼즐이었다. 1968년 2차로 복원하기 전에 늘어놓은 모습이다.

헬멧은 무덤이 무너질 때 부서졌다.

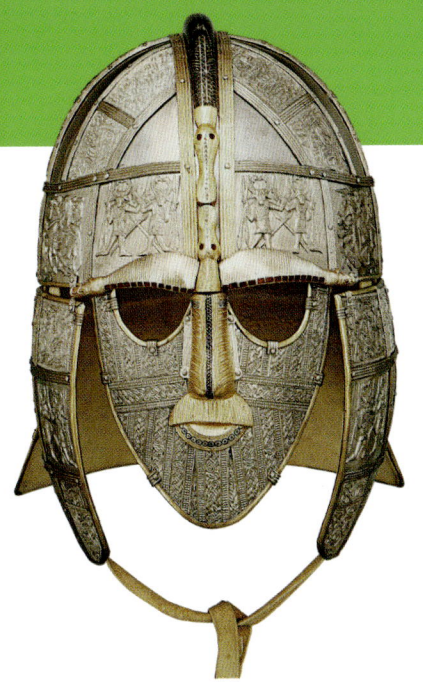

헬멧 복제품

석류석 눈을 지닌
동물 머리 장식이
달려 있었다.

헬멧 조각들을 점토
모형에 얹으며 붙였다.

전사의 얼굴을
보호하기 위해
헬멧 앞에 단단한
마스크를 붙였다.

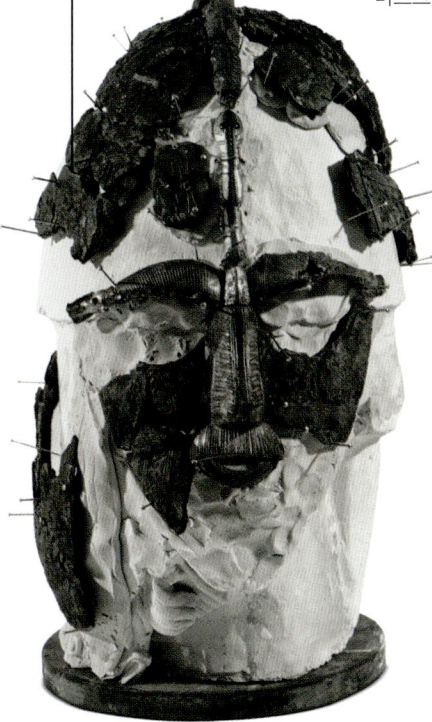

끼워 맞추기
조각들의 두께, 질감, 디자인을 토대로 헬멧을 복원했다. 조각들은 마네킹 머리에 꽂은 핀으로 자리를 맞추었다.

틈새 메우기
복원을 마무리하기 위해서, 헬멧 모형의 빈 곳들을 채우고 철 색깔과 맞추기 위해서 갈색으로 칠했다. 전문가 한 사람이 1년에 걸쳐 완성했다.

모자이크화 복제하기

79년 이탈리아반도의 베수비오 화산이 분출하여 고대 로마 도시 폼페이를 화산재로 뒤덮었다. 1831년 폼페이 유적을 발굴한 고고학자들은 2세기에 만들어진 모자이크화를 찾았다. 마케도니아의 알렉산드로스 대왕과 페르시아의 다리우스 3세가 벌였던 전투를 그린 것이었다. 원본은 현재 나폴리 국립 고고학 박물관에 있고, 2003년 이탈리아 라벤나의 국제 모자이크화 연구 교육 센터가 복제품을 만드는 데 나섰다.

▶ 로마 양식 복원

거대한 모자이크화의 똑같은 복제품을 만드는 것은 엄청난 일이었다. 그럼에도 모자이크화 전문가 세베로 비냐미는 8명의 연구원과 함께 일을 시작했다. 거대한 사진(사진에서 뒤쪽에 붙여 놓은 것)을 참고로 삼아서, 이 고대 걸작을 복제해 나갔다. 비냐미 연구진의 복제품은 현재 이탈리아 폼페이의 폰 하우스에 전시되어 있다. 모자이크화가 원래 발굴된 곳이다.

한 조각 한 조각씩

비냐미 연구진은 복제품을 만들 때도 원본과 같은 재료를 써서, 크기와 모양도 똑같이 만들고 싶었다. 무려 22개월이 걸린 복잡하고 긴 작업 과정이었지만, 아주 정확히 재현했다.

사진을 따라 그리기

검은 마커 펜으로 모자이크화의 사진에 대고 윤곽을 따라 그렸다. 그 그림을 점토에 대고 눌러서 찍어 낸 윤곽이 200만 개의 모자이크 조각을 제자리에 붙이는 안내자 역할을 했다.

타일 자르기
원본 모자이크화에 쓰인 것과 색깔과 크기가 딱 맞도록 '테세라'라는 모자이크화 타일 약 200만 개를 가능한 한 정확하게 잘라 냈다.

타일 붙이기
작은 집게를 써서 타일을 젖은 점토 위에 하나씩 붙였다. 연구진은 44개 부분으로 나누어서 작업한 다음, 하나로 이어 붙여서 이 거대한 모자이크화를 재현했다.

라스코 동굴

박물관은 유물의 복제품을 만들곤 한다. 이루 가치를 따질 수 없을 만큼 귀중한 원본 유물을 훼손하지 않으면서 관람객이 과거와 상호 작용할 수 있기 때문이다. 프랑스 도르도뉴 지방의 라스코 동굴계에 있는 고대 동굴 벽화가 훼손되는 기미가 보이자, 보존 처리사들은 단지 벽화만 복제하는 대신에 동굴 전체를 복제하기로 했다. 관람객이 원본을 상하게 하지 않으면서 자연 환경에서 접하는 것처럼 놀라운 예술 작품을 보고 경이를 느낄 수 있도록 하기 위해서다.

손상 징후의 발견

라스코 동굴계의 벽에 그려진 1만 8,000년 된 동굴 벽화는 손상되고 있다. 하루 평균 1,200명씩 방문하는 관광객들의 입에서 나오는 수증기와 이산화탄소 때문에 동굴 벽에 녹조류와 검고 흰 곰팡이까지 생겼다. 현재 라스코 동굴은 대중의 출입이 금지되었고, 동굴의 상태를 조사하러 들어가는 보존 처리사는 반드시 멸균된 전신 보호복을 입어야 한다.

▶ 라스코 2, 3, 4호

라스코 2호라고 알려진 첫 번째 복제품은 1983년에 공개되었다. 원본의 90퍼센트를 재현한 작품이었다. 라스코 3호는 2012년에 만들어졌는데, 세계 각지의 박물관 다섯 곳을 위해 만든 복제품 다섯 점을 가리킨다. 2016년에는 새롭게 개선된 복제품인 라스코 4호가 선보였다. 컴퓨터의 측량 및 디자인 기술이 발전한 덕분에 98퍼센트까지 원본을 재현했고, 더 넓고 더 이용자 친화적인 공간에서 1,500점의 벽화가 전시되고 있다.

동굴 통째로 재현

라스코 4호는 3년에 걸쳐서 제작했다. 첨단 기술과 힘든 수작업을 절묘하게 조합했다. 보존 처리사들은 3차원 디지털 스캐닝을 이용하여 겨우 3밀리미터의 오차 범위 내로 정확한 복제품을 만들 수 있었다. 미술가 34명이 참여하여 유리섬유, 수지, 폴리스티렌을 써서 벽을 만들었다. 동굴 벽에는 선사 시대의 안료를 재현해서 거의 1킬로미터에 달하는 그림을 손으로 직접 그렸다.

동굴 벽을 복제하는 과정

고대 벽화를 재현하는 과정

공룡 만들기

2013년 모로코에서 육식 공룡 중에서 가장 크다고 알려진 스피노사우루스의 9500만 년 된 뼈가 발견되었다. 연구자들은 고기를 먹는 스피노사우루스가 생애의 대부분을 물에서 지냈다는 것을 밝혀냈다. 즉 스피노사우루스는 최초로 밝혀진 수생 공룡이었다. 남아 있는 뼈를 하나하나 스캔하고, 다른 표본들의 사진과 그림을 토대로 사라진 뼈도 만들어 낸 다음, 디지털 리모델링으로 전체 그림을 그리는 과정을 통해 스피노사우루스 뼈대를 실물 크기로 재현할 수 있었다. 여기 보이는 사진과 같은 과정을 거쳤다.

머리뼈 모형

스피노사우루스 머리뼈 모형은 만들기가 어려웠다. 원래 머리뼈의 일부만이 남아 있었기 때문이다. 과학자들은 남은 머리뼈를 토대로 원래 형태를 추정해야 했다. 머리뼈 조각들을 스캔한 영상을 출발점으로 삼아서, 비슷한 포식자들의 머리뼈에 관한 지식을 토대로 전체 머리뼈를 재현했다. 컴퓨터 프로그램을 써서 머리뼈 전체를 설계했고, 날카로운 이빨이 가득한 긴 턱을 갖춘 스피노사우루스 머리뼈 모형이 완성됐다.

보여 주고 알려 주는 일

박물관은 대개 수천 점에서 때로는 수백만 점에 달하는 소장품 중 일부만을 전시한다. 전시회를 열 때, 학예사들은 이야기를 가장 잘 들려줄 수 있으려면 정확히 무엇을 전시해야 할지를 판단한다. 소장품을 전시하는 일은 나름 위험 부담이 있는 업무이므로, 박물관은 모든 유물이 안전하도록 주의를 세심히 기울여야 한다. 약해진 전시물이 운반 도중에 손상되지 않게 보호하는 일부터 귀한 소장품이 전시될 때 도둑맞지 않게 지키는 일에 이르기까지, 안전을 고려하여 대비한다.

전시실 뒤편의 역할
학예사

학예사는 박물관 수집품의 수호자다. 소장한 유물과 표본에 관해 가능한 한 많은 것을 알아내고, 보관하고, 돌보고, 전시하는 데 더 나은 방법을 찾는 일을 하는 사람이다. 학예사는 박물관의 전시 계획을 세우고 실행하는 일에 기여한다. 박물관에 따라서는 관람객에게 소장품을 해설하는 일까지 맡기도 한다.

전시 기획
학예사의 가장 중요한 일 중 하나는 어떤 소장품을 전시하고, 어떻게 배치할지를 정하는 것이다. 스미스소니언 국립 자연사 박물관의 학예사들이 2019년 '깊은 시간' 전시회를 어떻게 열지 논의하고 있다.

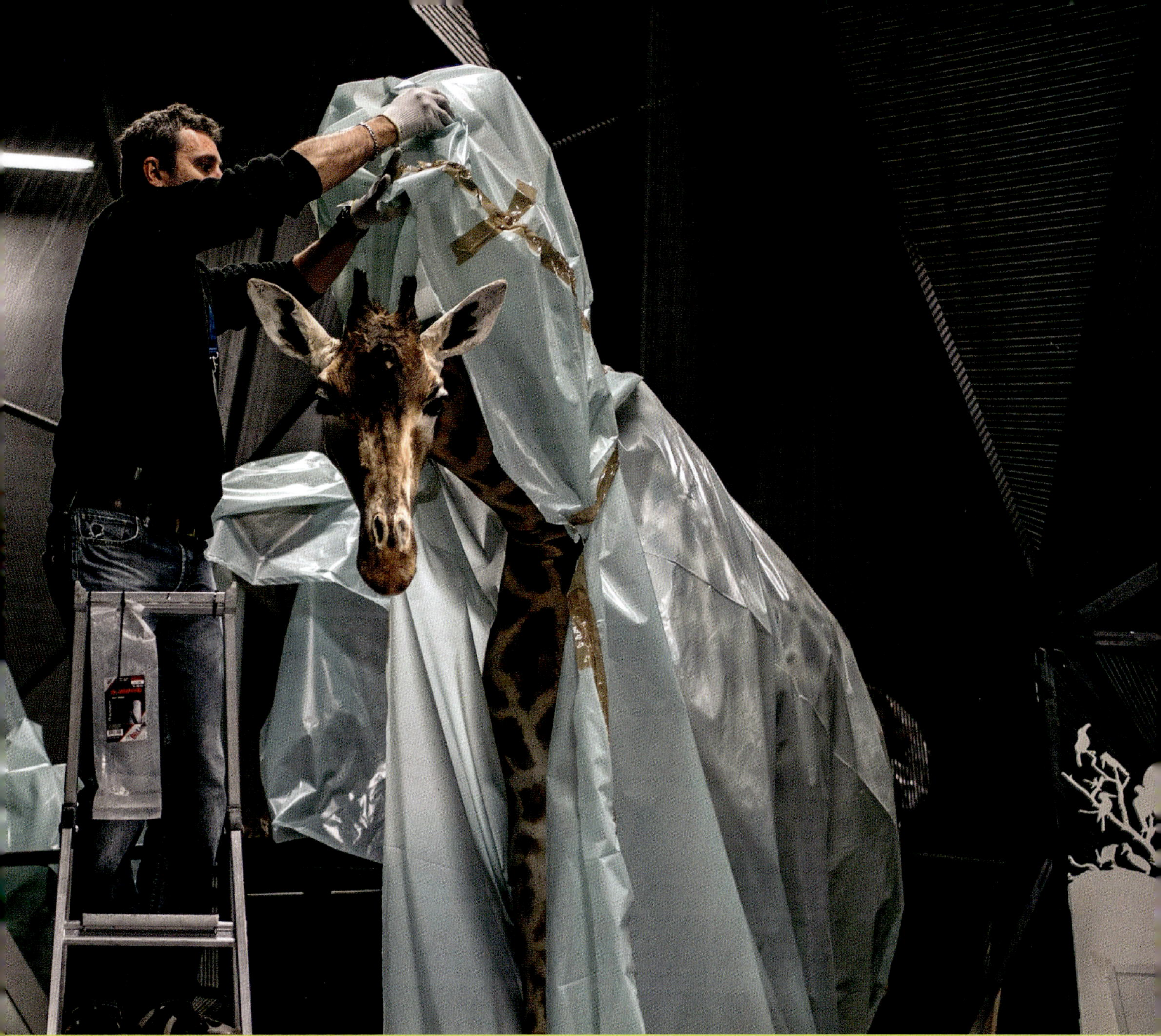

동물 표본 전시 ▲
프랑스 리옹의 콩플뤼엉스 박물관에서 학예사가 박제된 기린을 감싼 보호막을 벗겨 내고 있다. 그동안 수장고에 보관했던 기린을 전시하기 위한 준비를 하고 있다.

이야기 짜기

학예사는 대중에게 전시할 소장품들에 관한 이야기를 구성하는 일도 한다. 전시회를 열기 전에 보존 처리사와 협력하여 전시물에 관해 꼼꼼하게 계획을 짠다. 각 전시물이 얼마나 중요한지를 제대로 보여 줄 수 있도록 준비하는 것이다. 관람객이 전시실 입구부터 출구까지 이동하면서 전시를 어렵지 않게 관람할 수 있도록, 안내판에 어떤 정보를 담을지도 생각한다. 런던 우정 박물관의 학예사가 전시할 우편엽서를 전시판에 붙이고 있다.

▶ 직접 겪은 일의 기록

안네 프랑크의 일기를 읽으면 제2차 세계 대전 때 유대인이 어떤 박해를 받았는지를 실감하게 된다. 안네의 가족은 다른 유대인 4명과 함께 다락방에 숨어 지냈다. 안네는 늘 두려움과 곤경에 시달리는 나치 치하의 생활을 쓰고, 자신의 생각과 꿈도 적었다. 안네는 체크무늬 일기장에 일기를 썼고, 다 쓰고 나서는 다른 공책 몇 권에도 적었다. 일기를 마지막으로 적은 날짜는 1944년 8월 1일이었다. 잡혀가기 사흘 전이었다. 그로부터 1년도 지나지 않아서 안네는 베르겐벨젠 강제 수용소에서 목숨을 잃었다.

안네 프랑크는 1942년 6월 12일 13번째 생일에 첫 일기를 썼다.

안네 프랑크의 다이어리

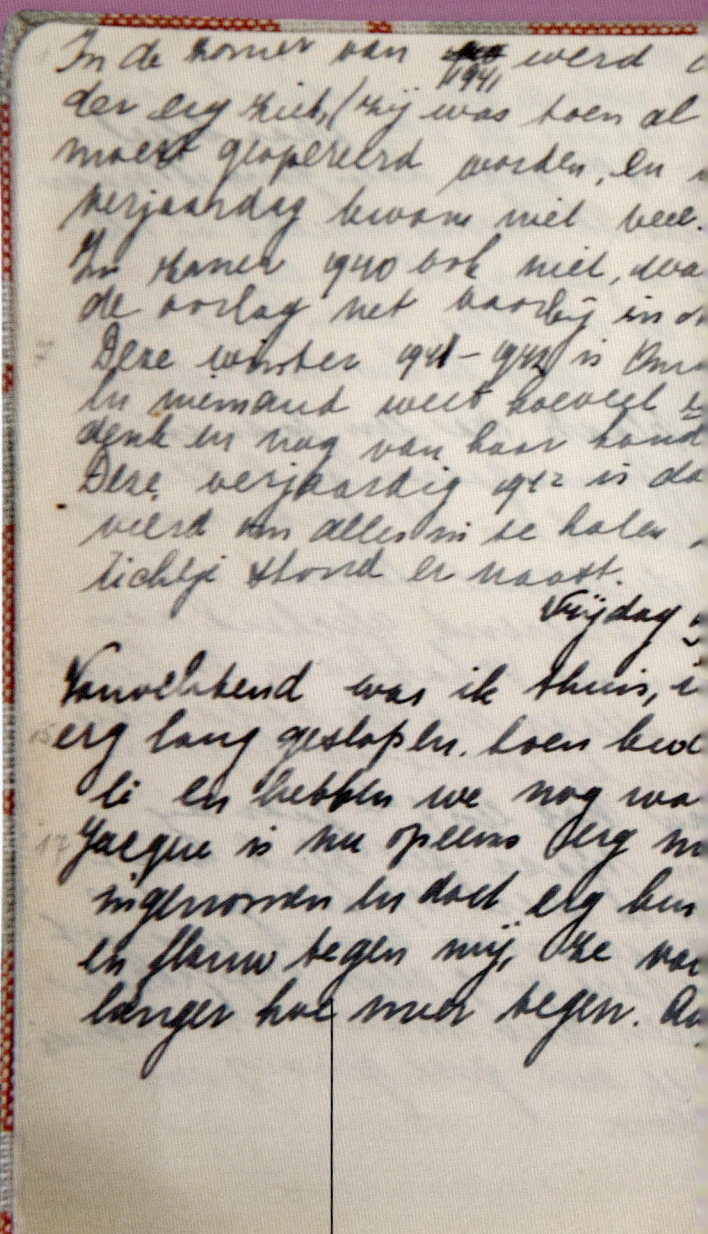

안네 프랑크는 네덜란드어로 일기를 썼지만, 독일어도 했고 영어와 프랑스어도 조금 할 수 있었다.

안네 프랑크의 일기

편지와 일기 같은 개인 문서는 가치 있는 역사 기록이다. 오늘의 우리보다 먼저 산 사람들의 생각과 속마음과 감정을 보여 주고, 역사적 사건을 개인의 관점에서 기록한 것이다. 세계에서 가장 유명한 일기 중 하나는 안네 프랑크의 일기다. 제2차 세계 대전 때 나치가 점령한 네덜란드에서 숨어 지내던 유대인 소녀가 2년 동안 쓴 것이다. 안네 프랑크가 나치에 잡혀간 뒤에, 일기를 비롯한 기록물은 프랑크 가족을 돕던 미프 히스가 안전하게 보관했다가 나중에 안네의 부친인 오토에게 전했다. 오토는 딸의 일기, 고쳐 쓴 일기 내용, 단편 소설 몇 편을 추려서 1947년에 책으로 냈다. 그 책은 지금까지 70여 개 언어로 번역되었다.

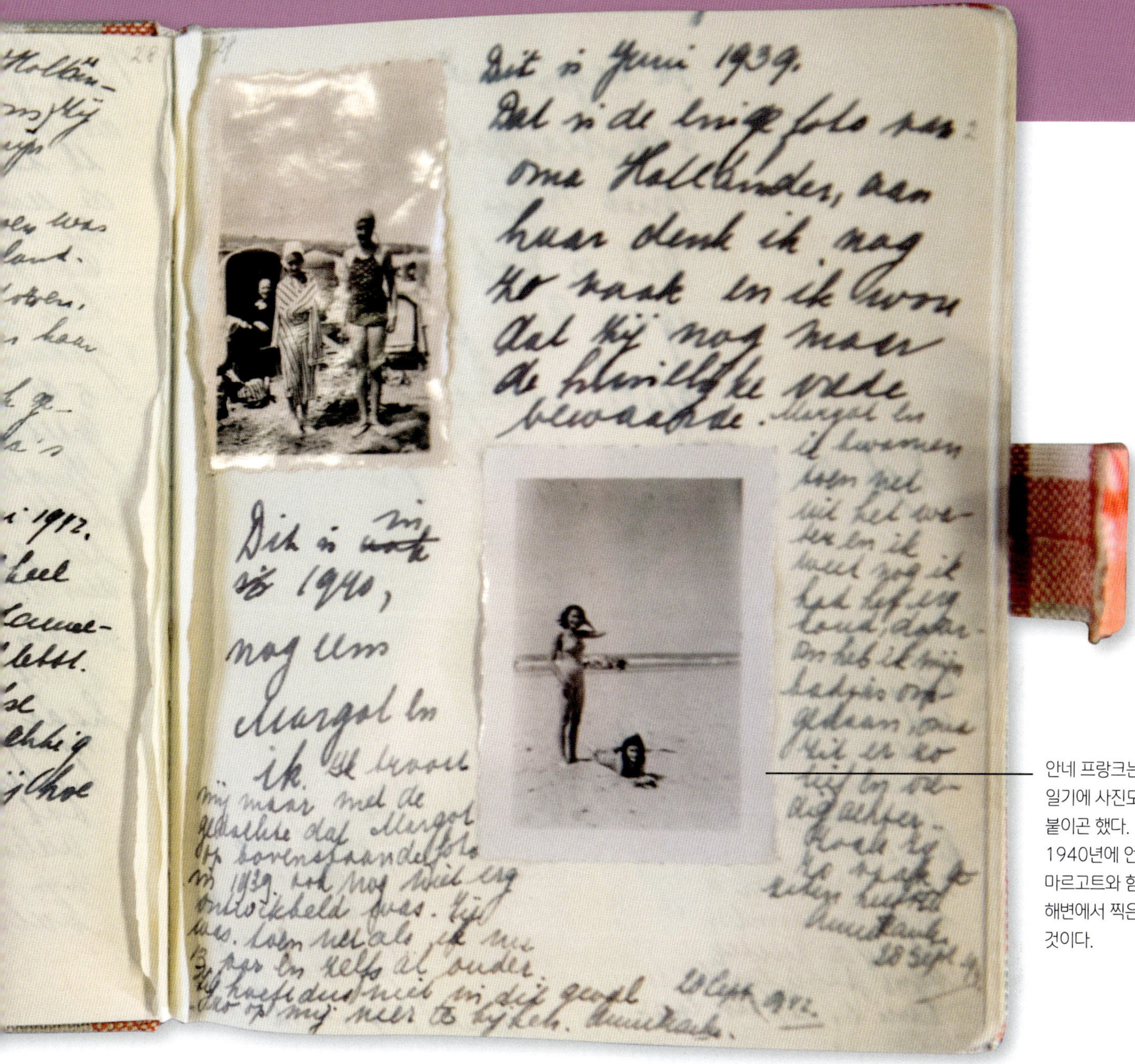

안네 프랑크는 일기에 사진도 붙이곤 했다. 1940년에 언니 마르고트와 함께 해변에서 찍은 것이다.

맞춤 제작 전시 상자

안네 프랑크 일기의 원고는 네덜란드 암스테르담의 안네 프랑크 집에 온도와 습도가 일정하게 조절되는(항온 항습) 전시 상자에 들어 있다. 전시 상자는 두 겹으로 만들어졌고, 안팎의 상자 사이에 공간이 있다. 이 공간에는 원고가 상하지 않도록 온도를 17도로 유지하는 차가운 공기로 채워져 있다. 원고를 좋은 조건에서 보존한다는 것은 미래 세대가 안네 프랑크의 이야기를 배울 수 있음을 의미한다.

전시 중

안쪽 상자에 든 폭신한 받침은 관람객이 지나갈 때 생기는 진동을 흡수한다.

안쪽 상자에는 습기를 흡수하는 물질이 들어 있다.

안쪽 상자와 바깥 상자 사이에는 온도를 유지하는 공기가 들어 있다.

전시 기획

독일 프랑크푸르트의 자연사 박물관은 2019년에 '다양성의 매혹'이라는 제목으로 전시회를 열었다. 박물관의 여러 부서들이 협력해야 하는 엄청난 일이었다. 학예사들은 먼저 전시회의 목표와 개괄적인 내용을 구상했다. 자연의 다양성에 초점을 맞추고, 그 개념을 잘 표현할 표본을 고른다는 계획이었다. 그다음에는 디자이너들과 함께 전시 공간이 어떤 모습이어야 할지 구성하는 세부 계획을 짰다. 이어서 설치 인부들에게 공간을 어떻게 만들지 설치 계획을 설명했다. 마지막으로 전시물을 배치하고, 상세한 설명을 달았다.

1 전시용 나무틀 짜기
일단 전시 개요와 디자인 계획이 끝나자, 설치 단계가 시작되었다. 목수들이 전시 공간에 목재로 틀을 짜 넣기 시작했다.

전시물 배치하기
이 어류 뼈대는 관람객이 쉽게 볼 수 있도록 받침대 위에 세워서 설치했다. 만약 선반에 눕혀 놓았다면, 보기가 더 어려웠을 것이다.

되도록 많은 표본을 전시하면서도 관람객을 질리지 않게 선보이려는 계획을 세웠다.

▶ 4 전시 준비 완료하기
표본은 가능한 한 관람객이 친근하게 느끼고 흥미를 갖도록 세심하게 배치했다. 전시물이 점점 추가될수록, 제대로 전시회 분위기가 나기 시작했다.

표본 상태 검사하기

2 학예사들은 전시하기 위해 골라 놓은 표본들의 상태를 점검했다. 박물관의 아주 많은 소장품 중에서 다양성을 잘 보여 줄 다양한 표본들을 골랐다.

전시 설치하기

3 목재 틀에 판지, 상자, 조명을 설치하고, 먼저 설치할 표본들을 제자리에 놓았다. 부서지기 쉬운 표본들은 아주 조심해서 다루어야 했다.

다양성의 매혹

학예사들은 '다양성의 매혹' 전시회를 위해 독일 젠켄베르크 자연 연구 협회의 약 4000만 점에 달하는 엄청난 소장품 중에서 1,140점의 생물 표본과 지질 표본을 골랐다. 골라 낸 전시물들은 길이 15미터, 높이 4미터의 전시 공간에 잘 보이도록 배치되었다. 작은 딱정벌레에서 커다란 강돌고래에 이르기까지, 지구의 놀라운 다양성을 한 편의 이야기처럼 들려줄 수 있게 배열한 것이다.

상호 작용하는 정보

대부분의 박물관은 인공물과 표본 같은 전시물 옆에 라벨을 붙여서 정보를 알리지만, '다양성의 매혹' 전시회는 다른 방법을 썼다. 상호 작용으로 정보를 제공하는 터치스크린을 이용했다. 관람객이 터치스크린에서 관심 있는 표본의 디지털 영상을 누르면 관련된 정보가 화면에 떴다.

하이에나의 집

디오라마는 자연이나 역사의 한 장면을 복제한 3차원 모형이다. 탁자에 올려놓을 만큼 작을 수도 있고, 실물 크기로 크게 만들 수도 있다. 박물관은 때로 디오라마를 활용해서 전 세계 동물들의 서식지를 관람객에게 소개하곤 한다. 정확한 복제품을 만들려면 여러 전문가들과 숙련된 미술가들의 협력이 필요하다. 미국 시카고 필드 박물관의 이 하이에나 디오라마가 바로 그런 사례이다. 미국의 동물학자이자 박제사이며 박물관 보존 처리사인 칼 애클리가 이끄는 연구진이 1896년 아프리카 소말릴란드 탐사에서 잡은 줄무늬하이에나 4마리의 서식지를 재현한 것이다.

▶ 하이에나 무리

사진 속 디오라마는 박제된 하이에나 4마리의 모습을 1896년 8월 6일을 배경으로 생생하게 보여 준다. 이 디오라마는 제작을 준비하는 과정에만 몇 달이 걸렸다. 지질학자부터 생물학자에 이르기까지 다양한 전문가들로부터 세세한 부분까지 꼼꼼히 검토를 받았다. 그 뒤 손으로 직접 만들고 꾸미고 색칠했다. 그날 밤하늘에 별들이 정확히 어떤 위치에 있었는지도 천문학자들에게 확인받아 반영했다.

디오라마 만드는 과정

하이에나의 서식지를 재현하기 위해, 현장 탐사 때 찍은 유리 건판 사진을 통해서 어떤 식물 종들이 주변에 들어가야 하는지도 조사했다. 식물은 네오프렌(합성 고무)로 만들었고, 바위는 석고와 철사로 만들었다.

축소 모형
먼저 박물관 미술가 아론 델러핸티가 1:10 축소 비율로 모형을 제작했고, 배경까지 그렸다. 전문가에게 자문을 받아서 가능한 한 진짜처럼 만들었다.

실물 크기 디오라마
실물 크기로 준비한 전시물은 필드 박물관의 윌리엄 V. 켈리 전시실에 설치되었다. 그런 다음 하이에나를 옮겨 와서 풍경을 완성했다.

트릭스, 티렉스

6700만 년 된 티라노사우루스 렉스(*Tyrannosaurus rex*) 화석은 트릭스라는 별명이 있다. 트릭스는 거의 80퍼센트에 이르는 뼈가 발굴되어 아주 잘 보존된 공룡 표본이다. 2013년 네덜란드의 고생물학 연구진이 미국 몬태나에서 이 화석을 발굴했다. 연구진은 트릭스의 뼈대를 유럽으로 보내 5개 도시에서 순회 전시를 한 뒤, 네덜란드 레이던의 자연 생물 다양성 센터에 상설 전시한다는 계획을 세웠다.

▶ 생기를 불어넣는 일

고생물학자들은 트릭스의 뼈를 조사하여 그 삶이 어떠했을지에 대해 놀랄 만큼 많이 알아낼 수 있었다. 트릭스가 암컷이었음을 알았고, 뼈에 난 생장선의 수를 세어서 죽었을 때 나이가 30세를 넘었다는 것도 알아냈다. 또 뼈에서 몇 군데가 손상된 것도 발견했다. 이는 트릭스가 살면서 많은 싸움을 했고, 몇 차례 병에 걸렸음을 시사했다.

공룡 발견

트릭스의 뼈와 그 주변 암석은 무게가 5톤이 넘었다. 미국 몬태나주의 사막에서 이 화석을 캐내어 유럽의 새 집으로 옮겨오는 일은 고생물학자들에게 엄청나게 어려운 도전 과제였다.

1 고생물학자들은 트릭스의 뼈대를 이루는 뼈의 80퍼센트를 조심스럽게 꼼꼼하게 발굴했다.

2 트릭스의 뼈를 상자에 담아 포장했다. 비행기나 트럭으로 유럽 각지로 옮길 수 있게 꾸러미로 만든 것이었다.

3 상자에 담긴 모든 뼈에는 번호가 붙여졌다. 순회 전시가 이루어진 각각의 박물관 직원들이 뼈대를 끼워 맞추기 쉬웠다.

이거 아니?

트릭스는 키가 5미터를 넘었다. 고생물학자들은 트릭스의 몸 일부가 깃털로 덮여 있었을 것이라고 생각한다.

날카로운 이빨
트릭스는 빽빽하게 난 이빨로 먹이를 꽉 깨물 수 있었다.

전시 중인 트릭스

2016년 트릭스는 네덜란드 레이던의 자연 생물 다양성 센터에 전시되었다. 다음 해에는 유럽의 몇몇 박물관에서 순회 전시되었다. 오른쪽 사진은 '타운의 T. 렉스'라는 제목으로 스코틀랜드 글래스고의 켈빈 홀에서 열린 전시회의 모습이다. 순회 전시가 2019년까지 이루어진 뒤, 트릭스는 자연 생물 다양성 센터로 돌아와서 상설 전시되고 있다.

매번 뼈를 맞추는 전시

순회 전시를 위해, 새 장소로 옮길 때마다 뼈대를 분리했다. 운반하는 동안 안전할 수 있도록 뼈를 스티로폼으로 포장했다. 전시실에 도착한 뒤 포장을 풀어서 조립하는 데 1~3일이 걸렸다.

모든 뼈를 제자리에
글래스고에서 전시를 준비하는 고생물학자가 트릭스의 갈비뼈를 조심스럽게 조립하고 있다.

꼬리뼈 매달기
꼬리뼈는 지탱해 주는 금속 틀에 붙인다. 금속 틀을 써서 트릭스를 살아 움직이는 듯한 자세를 취하게 만들 수 있다.

전시실 뒤편의 역할
보안 요원

박물관은 가치 있는, 때로는 이루 가치를 따질 수 없을 만큼 귀중한 물품을 소장하고 있기에, 손상되지 않게 잘 보존하고 도둑을 막는 일도 중요하다. 모든 박물관에 보안을 맡은 직원이 있긴 하지만, 바티칸 박물관의 수석 열쇠지기인 잔니 크레아만큼 막중한 책임을 진 사람은 드물다. 크레아는 2,797개의 열쇠를 직원들과 함께 맡고 있다. 세계에서 가장 웅장한 전시 공간을 여는 열쇠도 포함된다. 열쇠 중에는 수백 년 된 것도 있다.

이거 아니?
바티칸 박물관은 매일 약 300개의 문을 열고 닫는다.

이 문에서 저 문으로 ▲
바티칸 박물관의 수석 열쇠지기 잔니 크레아가 지도 전시실을 지나고 있다. 그와 직원들은 매일 7.4킬로미터 길을 걸어 다니면서 박물관의 모든 문을 연다.

높은 보안 수준

보안 카메라는 파괴 행위와 절도로부터 소중한 유물을 보호하는 데 중요한 역할을 한다. 고가의 유물이 표적이 되기 쉬우므로, 경보 시스템과 감시용 시시티브이(CCTV) 카메라로 지킨다. 사진은 러시아 상트페테르부르크의 그랜드마켓 박물관에서 경비원들이 CCTV 화면을 지켜보는 모습이다.

보석 도둑

박물관에는 가치 있는 소장품들이 많고, 때로는 가치를 따질 수 없을 만큼 귀중한 소장품들이 있기에, 도둑들의 주요 표적이 되곤 한다. 2019년 독일 드레스덴에서는 도둑들이 그뤼네스 게뵐베 박물관의 보안 시스템을 망가뜨렸다. 도둑들은 작센 왕가의 귀중품들, 그중에서도 이루 가치를 따질 수 없는 보석들을 갖고 사라졌다.

독일 그뤼네스 게뵐베

1723년 아우구스투스 2세가 설립한 이곳은 세계에서 가장 오래된 박물관 중 하나다. 유럽에서 역사 유물과 미술품을 가장 많이 소장한 곳 중 하나로 손꼽힌다. 제2차 세계 대전 때인 1945년 드레스덴이 폭격을 받았을 때 심하게 손상되었다가, 2006년에야 완전히 복원되었다.

▼ 문화 범죄 현장

2019년 11월 25일 새벽, 도둑들은 독일 드레스덴의 그뤼네스 게뵐베 박물관에 침입했다. 인근 전력 공급 시설에 불을 질러서 경보 시스템가 힘을 쓰지 못하게 만든 뒤, 쇠창살을 자르고 유리창을 깨고 침입했다.

경찰이 증거를 찾기 위해 범죄 현장을 조사하느라, 박물관 주변은 봉쇄되었고 박물관은 이틀 동안 문을 닫았다.

도난당한 보석

도둑들은 귀한 유물 100여 점을 훔쳐갔다. 그 가치가 10억 유로(1조 원 이상)에 달한다고 추정되었다. 쉽게 알아볼 수 있는 유물이므로, 도둑들이 팔기 쉽도록 다이아몬드를 더 작게 쪼개고, 금과 은은 녹이지나 않을까 걱정되었다. 아래 사진은 도난당한 보석 중 일부다.

이 어깨 장식은 다이아몬드 236개로 이루어져 있다.

이 별 모양 브로치는 흰독수리 훈장이며, 폴란드에서 민간인과 군인에게 주는 영예의 상징이다.

이 칼과 칼집에는 거의 800개의 다이아몬드가 붙어 있다.

이 버클은 다이아몬드로 덮여 있다.

이 단추들에는 다이아몬드가 박혀 있다.

수사 과정

박물관의 경비원이 경보를 울린 덕분에 경찰은 거의 즉시 현장에 도착했다. 하지만 도둑들은 이미 박물관 밖으로 달아난 뒤였다.

구내 보안 확보
보안 확보를 위해 도둑들이 자른 쇠창살을 다시 용접해서 막았다.

어떤 일이 있었는지 알아내기
박물관을 폐쇄한 상태에서 경찰이 증거를 찾기 위해 범죄 현장을 조사했다. 경찰은 도둑들이 보물을 훔치자마자 박물관을 빠져나가 달아났다고 추측했다.

공개 수배
박물관 직원이 도난품이 문화적으로 매우 중요하다는 점을 강조했고, 경찰은 정보 제공에 현상금 50만 유로를 걸었다. 2020년 말에 도둑들을 일부나마 잡을 수 있었다.

건물이 멋진 박물관

박물관 건물도 그 안의 소장품 못지않게 인상적일 수 있다. 어떤 소장품이 있는지 이야기를 들려주게끔 지어졌거나 주변 환경을 반영하여 설계된 곳도 있다. 전혀 다른 용도로 쓰이던 오래된 건물이 박물관으로 바뀐 곳도 있다.

자금성, 고궁박물관

1400년대 초부터 황제가 살았던 드넓은 궁전이다. 지금은 중국의 역사, 예술, 문화 박물관이 되어 있다.

2,000,000
이 박물관에 있는 유물 수.

이 거대한 청동 코끼리 상은 무게가 250톤이다.

애시몰린 박물관

영국 옥스퍼드의 애시몰린 박물관은 건축가 찰스 코크럴이 설계했으며, 박물관으로 설계하여 지은 세계 최초의 박물관 건물이었다. 당시에는 특이한 일이었다. 대다수 박물관과 달리 대중에게 개방되었기 때문이다.

1683
박물관이 완공된 해.

에라완 박물관

태국 에라완 박물관의 거대한 코끼리 조각은 단지 전시용이 아니다. 속이 비어 있으며, 박물관의 전시 공간 중 일부로 쓰인다. 이 건물은 각각 지하 세계, 인간 세계, 낙원을 상징하는 세 층으로 나뉘어 있다. 불교의 우주 모형이다.

카피톨리니 박물관

이탈리아 로마 카피톨리노 언덕 꼭대기에 있는 이 박물관은 이탈리아 미술가 미켈란젤로가 설계한 르네상스 시대의 광장 한가운데에 있다.

1734

교황 클레멘스 12세가 카피톨리니 박물관을 개관한 해.

예술 과학 박물관

싱가포르의 이 특이한 건물은 아시아 미술에서 계몽과 학습의 상징인 연꽃처럼 보이도록 설계되었다. 밤에는 하얀 '꽃잎' 위로 화려한 빛의 쇼가 펼쳐진다.

2011

예술 과학 박물관이 문을 연 해.

그 밖의 최고의 박물관들

▶ **영국 타이태닉 벨파스트**

북아일랜드에 위치한 박물관으로서 1912년 대서양을 건너다가 빙산에 부딪혀서 가라앉았던 영국 여객선 타이태닉호에 관한 자료를 모은 곳이다. 건물은 배 모양과 비슷하게 설계되었다.

▶ **덴마크 레고 하우스**

레고에 관한 모든 것을 모은 레고로 가득한 박물관이며. 레고 블록으로 조립된 것처럼 보인다.

▶ **폴란드 불 박물관**

건물 외벽이 구리판으로 덮여서 화염이 깜박이는 듯한 착시를 일으킨다. 불에 관한 모든 것을 모은 곳이다.

메스너 산악 박물관

등산의 역사를 다루는 이 박물관은 이탈리아의 어느 산꼭대기에 있다. 관람객들은 발코니에서 아래로 펼쳐지는 골짜기의 장관을 감상할 수 있다.

전시물 청소

먼지와 오물이 쌓이지 않도록 하는 일은 박물관의 입장에서 결코 끝나지 않는 전투와 다름없다. 전시물을 정기적으로 꼼꼼하게 청소하려면 전문가가 필요하다. 특히 오래된 비행기와 기계 전시물은 꼼꼼하게 지켜보아야 한다. 금속으로 만든 기계에 먼지가 쌓이면 녹이 슬거나 표면이 손상될 수 있기 때문이다. 미국 수도 워싱턴의 국립 항공 우주 박물관에서 보존 처리사가 커다란 대걸레로 초음속 항공기 X-15의 먼지를 꼼꼼하게 닦아 내고 있다.

코끼리 청소하기

먼지는 물을 끌어들인다. 그래서 전시물에 얼룩을 지게 하거나 부식시키는 습기를 막으려면 먼지를 가능한 한 제거하는 것이 대단히 중요하다. 미국 로스앤젤레스 자연사 박물관의 아프리카 포유동물 전시실에서 보존 처리사가 등에 진 진공청소기를 사용해 디오라마에 전시된 코끼리 모형들을 청소하고 있다.

람세스 옮기기

이집트 기자에서 대이집트 박물관의 입구가 되는 홀을 짓는 동안, 고대 이집트의 강력한 통치자였던 람세스 2세의 83톤짜리 석상이 인부들을 굽어보고 있었다. 높이 12미터에 이르는 고대 이집트 제19왕조의 파라오를 조각한 화강암 석상은 3,200년 된 것이지만, 건설 현장의 부산함과 소란스러움을 충분히 견뎌 낼 수 있었다.

트레일러 운반

기술자들은 임시 건물에 두었던 거대한 람세스 2세 석상을 400미터 떨어진 대이집트 박물관으로 트럭을 사용하여 옮길 계획을 세심하게 짰다. 석상은 2018년에 박물관으로 옮겨졌는데, 울퉁불퉁한 도로를 지날 때에도 흔들리지 않도록 금속 틀을 맞춤 제작해 트레일러 두 대에 설치하여 담았다. 또 옮기기 전에 도로가 석상의 무게를 견딜 수 있는지도 꼼꼼하게 점검했다.

대이집트 박물관

이집트 기자의 피라미드들과 가까이에 있다. 투탕카멘의 마스크를 비롯해 10만 점이 넘는 고대 유물을 보관하기 위해 설계되었다. 카이로 중심에 위치한 이집트 박물관에 해마다 500만 명 이상이 찾아오면서 추가로 짓게 된 것이다.

우주 왕복선 옮기기

1970년대에 만들어진 최초의 우주 왕복선 엔터프라이즈호는 우주로 날지 않았지만, 나사의 우주 왕복선 계획에 중요한 시험용 우주선이었다. 2012년 이 우주 왕복선은 미국 뉴욕 허드슨강 옆 인트레피드 해양 항공 우주 박물관으로 옮겨졌다. 이 박물관은 지금은 퇴역한 제2차 세계 대전 때의 항공 모함인 인트레피드호에 있다. 엔터프라이즈호의 운반은 몇 달에 걸쳐서 꼼꼼하게 계획을 세운 끝에 이루어졌다.

◀ 마지막 비행

기술자들은 기계를 써서 엔터프라이즈호를 나사가 소유하고 특수 개조한 보잉 747기에 올린 뒤, 워싱턴의 스미스소니언 국립 항공 우주 박물관에서 뉴욕까지 실어 날랐다.

강을 따라 이동시키기

뉴욕에 착륙한 뒤, 우주 왕복선을 바지선에 실었다. 바지선은 허드슨강을 따라 인트레피드 해양 항공 우주 박물관까지 우주 왕복선을 싣고 갔다.

박물관으로 들어올리기

몇 시간에 걸쳐서 기중기로 우주 왕복선을 들어 올려서 인트레피드호의 강철로 보강한 비행갑판에 내려놓았다. 우주 왕복선은 무게가 68톤이었고, 코끼리 12마리의 몸무게와 비슷했다.

우주 왕복선 전시실 짓기

박물관 배에 우주 왕복선이 자리를 잡았다. 날씨로부터 보호하기 위해 우주 왕복선을 덮는 거대한 금속 구조물을 지었다.

새로운 집 완성

우주 왕복선의 새 집인 회색 건물은 우주 왕복선 전시관이라고 한다. 바로 옆에는 세계에서 가장 빠른 여객기인 콩코드기도 놓여 있다.

용어 설명

격리
해충, 병균, 질병이 퍼지는 것을 막기 위해 일정 기간 따로 떼어 놓는 것.

고고학
유적이나 유물을 통해 옛 조상들과 그 사회를 연구하는 학문.

고고학자
유적지나 매장지, 유물 등을 발굴하여 인류 역사를 연구하는 사람.

고생물학자
선사 시대 생물 종을 연구하는 사람.

귀족
일부 사회에서 특권을 지닌 통치 계급.

기념물
중요한 사람이나 사건을 기리기 위해 세운 건물, 구조, 조각상. 독특한 건축물도 기념물이라고 할 수 있다.

기증
박물관 같은 기관에 무언가를 주는 것. 박물관에 유물이나 돈을 기증하곤 한다.

기함
함대의 사령관이나 지휘관이 탄 배. 군함 중에서 가장 크고 가장 화려하게 장식되고 가장 강력한 중화기를 갖춘 배일 때가 많다.

기후 변화
지구 날씨 양상의 장기적인 변화.

노출
비, 바람, 햇빛, 다른 원소에 드러나는 것.

드론
무인 비행기. 지상에서 조종하기도 한다.

라벨
표본이나 유물의 정보를 나타내는 표지. 전시할 때 소장품 곁에 붙여 두기도 한다.

멸종
한 종의 모든 개체들이 다 죽는 것.

모래 뿜기
모래를 높은 압력으로 뿜어서 표면에 묻은 녹과 오물을 제거하는 과정.

모자이크화
밑그림 위에 여러 가지 색깔의 유리, 돌, 타일, 조개껍데기 같은 조각을 붙여서 만든 그림.

민족
조상, 문화, 언어, 종교, 국적이 같은 사람들의 집단.

박제술
동물의 털가죽을 곱게 벗긴 후 속을 채워서 동물을 보존하고 살아 있을 때와 똑같아 보이도록 만드는 기술.

반환
빌리거나 차지했던 유물 같은 것을 원래 있던 나라로 되돌려주는 것.

발굴
땅에서 화석이나 유물을 파내는 것.

방사성
원자가 불안정하여 쪼개지면서 높은 에너지의 입자를 방출하는 성질.

방사성 동위 원소
원소의 원자핵이 붕괴하면서 방사선을 방출하는 성질이 있으며, 원자 번호는 같으나 질량수가 다른 원소.

방호복
위험한 물질을 다룰 때 몸을 보호하기 위해 입는 특수 의복.

백반
염료 정착제로 쓰이곤 하는 물질. 화학명은 황산알루미늄칼륨이다.

보존
박물관의 보존 작업은 그림, 책, 천 등 소장품을 보호하고 유지하기 위해서 이루어진다.

보존 처리사
표본과 유물을 좋은 상태로 안전한 환경에서 보관할 수 있도록 수리하고 복원하고 관리하는 사람.

복원
원래 상태로 되돌리는 과정.

복제품
석상 같은 것을 똑같이 베껴 만든 사본.

부식
공기와 물의 화학 반응 때문에 금속이 서서히 삭는 것.

부장품
무덤을 만들 때 시체와 함께 묻는 물건.

북극 지방
북극점 주위의 추운 지역. 그린란드의 대부분과 북아메리카, 유럽, 아시아의 일부 지역이 포함된다.

색소
동물이나 물질의 색깔을 내는 물질. 미술에서 색깔을 내는 데 쓰인다.

서프러제트
20세기 초에 영국에서 여성 참정권 운동을 벌인 여성들.

선사 시대
문자 기록이 나오기 전의 시대.

습도
공기에 든 수증기의 양.

시료
시험, 검사, 분석에 쓰이는 물질.

엑스선
눈에 보이지 않는 전자기파. 질병의 진단 및 치료, 재료의 내부 검사에 쓰인다.

여성 참정권 운동
여성도 투표를 하고 정치에 참여할 권리를 요구한 사회 운동. 18~20세기에 걸쳐 세계 각지에서 일어났다.

영구동토층
겉흙 아래가 얼어붙은 채로 1년 내내 유지되는 땅.

오염
다른 원소가 들어가서 불순한 상태가 되는 것.

옻칠
가구에 광택을 내기 위해 옻나무의 진을 바르는 것.

운석
우주에서 지구 대기로 들어와서 땅에 떨어진 암석이나 금속 덩어리.

원소
금, 수소, 산소 등 한 종류의 원자로만 이루어진 순수한 물질.

유네스코 세계 문화유산
역사적이거나 과학적으로 중요한 유적 및 유물을 보존하기 위해 국제 연합 교육 과학 문화 기구(유네스코)가 지정하는 것. 지원을 받고 개발을 막는 효과가 있다.

유물 관리자
박물관 소장품의 보관과 이동을 추적하고 기록하는 사람.

유적지
주로 유물이 기원하거나 발굴된 장소.

인공물
사람이 만든 역사적 가치가 있는 물건. 만든 사람들이 어떤 기술을 지녔고 그것을 쓴 사람들이 어떤 생활을 했는지 알려 줄 수 있다.

인권 운동
인간의 기본 권리를 주장하는 운동. 20세기 중반 미국에서는 아프리카계 미국인의 평등을 주장하는 운동이 시작되었다.

인류학
과거에 살거나 현재 사는 사람들의 사회와 문화, 생활 풍습을 연구하는 학문.

제본
낱장들과 표지를 묶어서 책을 만드는 것.

지역 사회
특정한 장소에서 대대로 살면서 만들어진 공동체.

지질학
지구의 구조, 특히 지구의 단단한 부분을 이루는 암석의 구조.

진화
여러 세대에 걸쳐 종에게 일어나는 점진적인 변화.

청동
구리와 주석의 혼합물.

크롭마크
지상에서는 안 보이지만 공중에서는 보이는 유적이 묻힌 흔적.

타르
원유에서 자연히 생기거나, 원유나 석탄을 가공할 때 생기는 끈적거리는 물질. 천연 타르를 역청이라고 한다.

탈기
합성 물질이 손상을 일으킬 수 있는 산성 기체를 내뿜는 것.

테라코타
점토를 빚어 구운 도기.

튜더 왕조
15세기 후반부터 17세기 초반까지 영국을 지배하던 왕조. 절대 군주제의 최전성기를 이룬 왕조이고, 에스파냐의 무적 함대를 무찌르고 해상 패권을 잡았다.

표본
연구를 위해 모은 식물, 동물, 광물.

프로이센
지금의 독일 북동부에 있던 작은 왕국. 1700년대에 유럽의 강대국이 되었다.

학예사 (큐레이터)
역사 유물이나 미술 작품을 관리하고, 전시회를 주최하고, 관람객을 교육하는 일을 하는 사람.

합성
자연적으로 생기는 것이 아니라, 사람이 물질을 만드는 것.

항온 항습
온도와 습도를 일정하게 유지하는 것.

해충
인간의 생활에 해를 끼치는 벌레. 유해 곤충이라고도 한다.

화석
암석에 보존된 고대 동식물의 잔해나 흔적.

확대
현미경, 망원경, 안경, 돋보기를 써서 맨눈으로 볼 때보다 더 크게 보이게 하는 것.

3D 프린터
컴퓨터로 그린 3차원(3D) 물체를 인쇄하는 기계.

찾아보기

주요한 내용이 실린 페이지는 굵은 글씨로 강조되어 있습니다.

ㄱ

가상 박물관 17
가속 질량 분석기 53
가이거 계수기 63
갑옷 102~103, 120~121
개복치 66~67
개인 수집품 12, 21, 103
건축 148~149
경고판 63
고고학자 21, 22~23, 24~31, 58, 89, 100, 101, 116, 122
고대 그리스 30~31
고대 이집트 32~33, 35, 52, 69, 83, 108~109, 152~153
고래 뼈 74~75
고생물학 50, 58, 140, 142
고양이 박물관(말레이시아) 79
곤충
　표본 11, 50~51, 72~73
　해충 96~97, 106
곰팡이 97, 124
공룡 66, 82, 126~127, 140~141
과학 기술 박물관 17
광물 13
교육 11, 19, 130
교통 17, 49, 152~155
국립 고고학 박물관(이탈리아) 122
국립 과학 미래관(일본) 17
국립 미국 역사 박물관(미국) 99
국립 박물관(케냐) 50
국립 우편 박물관(미국) 57
국립 인류학 박물관(멕시코) 17, 39, 54
국립 자연사 박물관(미국) 14, 57, 58~59, 74
국립 중앙 박물관(대한민국) 39
국립 지리 박물관(미국) 126
국립 항공 우주 박물관(미국) 85, 86, 150~151, 155
국립 해양 박물관(이집트) 32
군사 박물관 16, 76~77
그랜드마켓 박물관(러시아) 145
그뤼네스 게뵐베(독일) 146
그림(표본 일러스트) 42
기생충 표본 79
기증 11, 21, 120
기후 변화 28, 74
깃털 68, 69

ㄴ

나무좀 97
나비 72~73
나쁜 미술 박물관(미국) 79
나일강 32
난파선 30~31, 80, 88~91
남극 95
남극 대륙 69, 95
남극 대륙 헤리티지 트러스트(뉴질랜드) 95
네스페카슈티 83
네페르티티 35
녹 150
눈(박제) 68, 69
눈신(설피) 28

ㄷ

'다양성의 매혹' 136~137
다윈, 찰스 43, 64
다이아몬드 56~57
닥종이 94
달 착륙 84~85
대왕오징어 65
대이집트 박물관(이집트) 152
대포 92~93
도구
　고고학자 22, 25, 31
　보존 처리사 107
도둑 144, 145, 146~147
도쿄 국립 박물관(일본) 39
독일 역사 박물관(독일) 18
동결 97
동굴 벽화 124~125
동물 표본 12, 13, 42~43, 50~51, 64~75
드론 23
디오라마 138~139
디자인 박물관 17

ㄹ

라벨 작성 50~51, 65
라브리아 타르 구덩이(미국) 40
라스코 동굴(프랑스) 124~125
라파누이 34
람세스 2세 152~153
런던 박물관(영국) 45, 94
레고 하우스(덴마크) 149
레이저 107, 110
렌드브린 빙하(노르웨이) 28
로마 122~123
로스앤젤레스 자연사 박물관(미국) 150
로열 앨버타 박물관(캐나다) 106
루브르 박물관(프랑스) 39
루스벨트, 시어도어 42
루이 14세(프랑스) 56

ㅁ

마네킹 85, 103
마스크 108~109, 152
매머드 40~41, 74
매장지 23, 24~27, 54, 100, 108~109, 120
머리뼈 116, 127
먼지 103, 106, 107, 150
메구로 기생충 박물관(일본) 79
메리로즈 박물관(영국) 90
메스너 산악 박물관(이탈리아) 149
모래 쓰기 92~93
모자이크화 122~123
무기
　독 63
　복원 92~93
물
　보존 89, 90
　손상 124, 150
물에 잠긴 도시 32~33
뮤지이엄(미국) 105
미국 자연사 박물관(미국) 68
미라 54, 82~83
미무모(이탈리아) 105
미켈란젤로 149
미콜라 시아드리스티 마이크로미니어처 박물관(우크라이나) 105
미크라리룸(영국) 105
미크로피아(네덜란드) 104
밀랍 109, 118

ㅂ

바르샤바 민중 봉기 박물관(폴란드) 11
바우어, 페르디난트 42
바이킹 100~101
바이킹 배 박물관(노르웨이) 100
바지주머니 박물관(스위스) 104
바티칸 박물관(이탈리아) 39, 144~145
박물관의 역사 12
박제술 12, 68~71, 138
반환 34, 35, 36
발굴 22~33, 140
방사성 62~63
방탄유리 57
방호복 45
배
　메리로즈호 88~91
　오세베르그 배 100~101
　인트레피드호 155
　타이태닉 149
배 무덤 120
백반 101
베닝 청동 유물 36~37
병마용 24~27
보관 14~15, 48
　곤충 표본 72~73
　군용 물품 76~77
　뼈 74~75
　우주복 86~87
　인체 유해 54~55
보르하르트, 루드비히 35
보름, 올레 12~13
보석 12, 13, 56~57, 146~147
보스턴 미술관(미국) 97
보안 57, 144~145, 146~147
보존 19, 42
　동물 표본 64~69
　역사 유물 11, 80, 82~103, 106~113
　용액 64, 65, 66
　종이 94~95
　직물 96, 97, 98~99, 102
　청소 106~107, 150~151
　화석 58
보존 처리사 82~83, 107, 138
복원 26, 120~121, 126~127
　2857번 버스 112~113
　무기 92~93
　병마용 26
　보존 처리사 82
　투탕카멘 108~109
　팔미라 석상 110~111
복제품 115, 119, 121, 122~127, 138
부식 85
부장품 100, 109
북극 지방 13
불 박물관(폴란드) 149
브라운, 배질 120
비소 기반 염료 63, 118
비행기 76, 150~151
빅토리아앤앨버트 박물관(영국) 52
빙하기 박물관(러시아) 74
빛 노출 82, 86, 99
빵 박물관(독일) 79
뼈 12, 21, 28, 30, 40~41, 54, 61, 66, 69, 74~75, 89, 126, 134, 140~143

ㅅ

사냥 탐험 42, 74, 138
사진술 19, 28, 48
사회사 박물관 16
색깔 118~119
서튼 후 120~121
석고 붕대 40~41
설계 기술 124, 127
설치류 97
성조기(미국) 98~99
소유권 분쟁 34~37
솔렌트 전투 89
수도 박물관(중국) 79
수중 발굴 30~31, 89
수집품 14~15
순회 전시 140, 142
술라브 국제 화장실 박물관(인도) 78
스미스소니언 박물관(미국) 38, 42, 57, 68, 70, 99
스콧, 로버트 95
스크랩북 94~95
스피노사우루스 126~127
습도 조절 82, 90, 99, 133
식물 12, 13

신 박물관(독일) 35
신기한 물건들의 방 12
쓰레기 박물관(미국) 78

ㅇ

아귀 60~61
아미스테드, 조지 99
아스트라 박물관(루마니아) 16
아우구스투스 2세 146
아크로폴리스 박물관(그리스) 116, 117
아폴로 11호 84~85
안내판 131
안전 예방 조치 45, 62~63, 66
안티키테라 기계 장치 30
암모나이트 61
암석 106
암스트롱, 닐 84, 86
애시몰린 박물관(영국) 148
애옷좀나방 97
애클리, 칼 138
앵글로색슨 유물 120~121
어류 60~61, 66~67
얼굴 복원 116~117
얼음 28, 74
얼음의 비밀 조사단 28
에드가의 벽장(미국) 105
에라완 박물관(태국) 148
에탄올 66
에토레 과텔리 박물관(이탈리아) 14
에폭시 수지 109
엑스선 60~61
엔터프라이즈호 154~155
여성 참정권 94~95
역사 박물관 17
연구와 조사 10, 11, 14, 115, 118, 130
영구동토층 74
영국 박물관(영국) 34, 36, 38, 102~103, 120
예르미타시 박물관(러시아) 39
예술 과학 박물관(싱가포르) 149
예카테리나 여제 39
오세베르그 배 100~101
오염 물질 53, 98, 107
온도 조절 82, 86, 99, 133
올드린, 에드윈 '버즈' 84
옷좀나방 97
왈리 박물관(영국) 104
왕들의 계곡(이집트) 109
우주 왕복선 154~155
우주복 84~87
원고 62~63, 95, 132~133
윈스턴, 해리 57
유대인 박해 132
유물 9, 10~11
 기록 31, 48
 담그기 89, 90, 101
 도난 146~147

보안 144~145
소유권 분쟁 34~35, 36~37
수집 14
연대 52~53
위험 63
이동 추적 48~49
이송 49, 152~155
전시 130~131, 134~135
청소 106~107, 150~151
탐색 21
파괴 행위 145
별종 78~79
유물 관리자 48~49
융단수시렁이 96
의류
 보호 45, 62, 63
 유물 14, 52, 63, 84~87
이스터섬 석상 34
이집트 박물관(이집트) 109
인간 유해 53, 54~55
인권 운동 94, 113
인트레피드 해양 항공 우주 박물관(미국) 155
일기, 안네 프랑크 132~133

ㅈ

자금성(중국) 148
자연 생물 다양성 센터(네덜란드) 140, 142
자연사 박물관 10, 14, 16, 42~43, 60, 64~67, 69, 70~71, 74, 96, 134~135, 136, 140, 142, 150
자연사 박물관(독일) 16, 134~135
자연사 박물관(영국) 43, 60, 64~67, 66, 96
자연사 박물관(오스트리아) 70~71
자연사 박물관(프랑스) 69
잠수부 30~31
장식판 36~37
전시 14, 19, 129, 134~135
젖은 표본 64~65
제본 95
제2차 세계 대전 11, 132~133, 146
젠켄베르크 자연 연구 협회(독일) 136
조각상
 람세스 152~153
 소유권 34~35
 수리 110~111
 용마병 24~27
 색깔 118~119
 청소 107
 하피 신 32~33
조지 4세(영국) 56
좀(곤충) 96
종이 보존 94~95, 96
중국 국가 박물관(중국) 38
지도 23, 31

직물 보존 96, 97, 98~99, 102
진공청소기 31, 150
진시황 24, 26
진화 43
질량 분석기 57

ㅊ

차차포야스족 54
천연 색소 118, 125
청소 59, 69, 83, 98, 102, 103, 106~107, 150~151
초콜릿 박물관(독일) 78
침으로 닦기 106

ㅋ

카르티에, 피에르 56
카터, 하워드 109
카피톨리니 박물관(이탈리아) 149
칸쿤 수중 박물관(멕시코) 79
켈빈 홀(영국) 142~143
코크럴, 찰스 148
콜린스, 마이클 84
콩코드기 155
콩플뤼엥스 박물관(프랑스) 131
퀴리, 마리 62~63
크롭마크 23

ㅌ

타이니 이, 세상에서 가장 작은 엘비스 박물관(미국) 105
타이태닉 벨파스트(영국) 149
탄소 연대 측정법 52~53
탈기 84, 86
탱크 66~67
토니스-헤라클레이온 32
트렌토 과학관(이탈리아) 10
트릭스 140~142
틀
 박제용 69, 70
 보호용 89, 107, 152
 전시용 134, 135, 142
티라노사우루스 렉스 140~143

ㅍ

파리 국립 도서관(프랑스) 62
파크스, 로자 112~113
팔미라 110~111
팻버그 44~45
페트리 박물관(영국) 52
펜 박물관(미국) 49, 83
펭귄 68~69
편지 132
포, 에드가 앨런 105
폴란드 항공 박물관(폴란드) 17
폼알데하이드 65
폼페이 122~123
표본 9, 10~11, 21

동물 64~75
라벨 붙이기 50~51
전시를 위한 선정 135, 136
인간 유해 54~55
전시 134~135
청소 106, 150
탄소 연대 측정 52~53
프랑크, 안네 132~133
프레슬리, 엘비스 105
플랫먼, 에이다 94
피마 항공 우주 박물관(미국) 76
피커스질, 메리 99
핀치 42~43
필드 박물관(미국) 138
필름 63

ㅎ

하수도 44~45, 79
하수도 박물관(프랑스) 79
하이에나 138~139
하피 신 32~33
학예사 19, 129, 130~131, 134~135
항공 고고학 23
항온 항습(조건) 86, 90, 99, 133
해양 고고학자 30~33
해양 동물 74~75
해양 박물관 17, 32, 90, 100
해충 96~97, 102, 103
해충 방제 사역견 97
헨리 8세(영국) 89
헨리 포드 박물관(미국) 113
헬멧(서튼 후) 120~121
현미경 58
호너데이, 윌리엄 템플 68
호니먼 박물관(영국) 69
호박 11
호아 하카나나이아 34
호프 다이아몬드 56~57
화석 12
 공룡 82, 140~141
 라벨 붙이기 50
 매머드 40~41
 스캐닝 61
 화석연구실 58~59
화장실 78
확대 안경 48
흉상 35, 36, 110~111

3차원 디지털 스캐닝 125
3D 프린터 110, 116
CCTV 145
CT스캐너 60~61, 116, 126
UCL 그랜트 동물 박물관(영국) 69, 105

자료 제공 및 도판 목록

DK would like to thank the following people for their contribution: Victoria Pyke for proofreading; Helen Peters for indexing; Ben Morgan for additional writing; Shaila Brown and Mani Ramaswamy for additional editing; Samantha Richiardi and Sunita Gahir for additional design; Jess Cawthra for research; Steve Crozier for picture retouching. Jacket Designers Priyanka Bansal, Tanya Mehrotra, Suhita Dharamjit; Senior DTP Designer Harish Aggarwal; Jackets Editorial Coordinator Priyanka Sharma; and Managing Jackets Editor Saloni Singh.

DK would like to thank the following for their kind permission to reproduce their photographs:
(Key: a-above; b-below/bottom; c-centre; l-left; r-right; t-top)
1 iStockphoto.com: omersukrugoksu (tl, tr); 2 Alamy Stock Photo: The Natural History Museum (tl). Artwork based on a graphic by Yann Bernard / Franck Goddio / Hilti Foundation (cr). Liebieghaus Skulpturensammlung: (br); 3 iStockphoto.com: omersukrugoksu (tl, tr). © Mary Rose Trust: (cr); 6 Getty Images: Underwood Archives (tr); 7 iStockphoto.com: omersukrugoksu (br); 10 Dreamstime.com: Toldiu74; 11 Alamy Stock Photo: Michael Brooks (cr); Eddie Gerald (b). Dorling Kindersley: Simon Clay / National Motor Museum, Beaulieu (c). Getty Images: Fine Art (t); 12-13 Bridgeman Images: © British Library Board. All Rights Reserved; 14 Alamy Stock Photo: Riccardo Bianchini; 15 Courtesy of Smithsonian. © 2020 Smithsonian.; 16 Alamy Stock Photo: imageBROKER (tr); Prisma Archivo (bl). Dreamstime.com: Alexsleepy (br); 17 123RF.com: Diego Grandi (tl). Alamy Stock Photo: imageBROKER (bl). Getty Images: SOPA Images (tr); 18 Alamy Stock Photo: The Natural History Museum (b); David Reed ©; 19 Getty Images: AFP / Jeff Pachoud (cr). Reuters: Pilar Olivares (tr); 22-23 Getty Images: Anadolu Agency (t); 22 Jake Rowland: (b); 23 Getty Images: Heritage Images (b); 24 Alamy Stock Photo: robertharding (cl); 24-25 Nat Geo Image Collection: O. Louis Mazzatenta (b); 25 Alamy Stock Photo: imageBROKER (tr); Sean Sprague (tc); 26 Getty Images: Tim Graham (bl); Zhang Peng (cl); 27 Nat Geo Image Collection: O. Louis Mazzatenta; 28 secretsoftheice.com: Espen Finstad; 29 secretsoftheice.com: Andreas Nilsson; 30-31 Ministry of Culture and Sports, Greece: ©; 30 Getty Images: AFP / Louisa Gouliamaki (cl); 31 Marzamemi Maritime Heritage Project: (tr, br, cr); 32 Artwork based on a graphic by Yann Bernard © Franck Goddio / Hilti Foundation. (ca). Press Association Images: Stefan Rousseau (bl); 33 © Franck Goddio / Hilti Foundation: Photo by Christoph Gerigk; 34 123RF.com: andreahast (bl); Amy Harris (cr). Alamy Stock Photo: World History Archive (tc). Getty Images: Dan Kitwood (br); 35 Alamy Stock Photo: dpa picture alliance (c). Getty Images: Fine Art Images / Heritage Images (tl). Photo Scala, Florence: bpk, Bildagentur fuer Kunst, Kultur und Geschichte, Berlin ®; 36 Alamy Stock Photo: Adam Eastland (bl). Bridgeman Images: Pitt Rivers Museum, Oxford (br). © The Trustees of the British Museum. All rights reserved: (c, cr); 37 © The Trustees of the British Museum. All rights reserved; 38 123RF.com: Chan Richie (cl). Alamy Stock Photo: Mark Summerfield (cra). Dreamstime.com: Frederic Araujo (crb); Imaengine (bl). iStockphoto.com: YinYang (tr). Yan Li, Scotts Valley, CA, USA: (br); 39 Alamy Stock Photo: agefotostock (tr); Mulrooney Russia (cb). Dreamstime.com: Maurizio De Mattei (tl). iStockphoto.com: Vladislav Zolotov (bl); 40 Courtesy of La Brea Tar Pits: 2006-6813 (l); 41 Getty Images: AFP / Robyn Beck; 42 Alamy Stock Photo: The Natural History Museum (tl). Library of Congress, Washington, D.C.: Charles Scribner's Sons (bl); 42-43 Alamy Stock Photo: The Natural History Museum; 44 Thames Water: (tl, bl); 44-45 © Museum of London; 45 Getty Images: AFP / Daniel Leal-Olivas ®; 48-49 Courtesy of the Penn Museum, Philadelphia, USA: (t); 48 Courtesy of the Penn Museum, Philadelphia, USA: Julianna Whalen (b); 49 University of Pennsylvania: Eric Sucar (b); 50 Getty Images: Simon Maina (l); 51 Science Photo Library: Mauro Fermariello; 52-53 Science Photo Library: James King-Holmes; 52 Getty Images: Werner Forman (l); 53 Alamy Stock Photo: James King-Holmes (tr). Getty Images: AFP / Aurore Belot (br). Science Photo Library: James King-Holmes (cr); 54 Science Photo Library: Pascal Goetgheluck (bl); Pasquale Sorrentino (cl); 55 Getty Images: AFP / Ronaldo Schemidt; 56 Courtesy of Smithsonian. © 2020 Smithsonian; 57 Courtesy of Smithsonian. © 2020 Smithsonian: (tc, tr, cr, br). Getty Images: Bettmann (cl); Dennis Brack / Bloomberg (bl).; 58 Courtesy of Smithsonian. © 2020 Smithsonian; 60 The Trustees of the Natural History Museum, London; 61 Science Photo Library: Pascal Goetgheluck (t); Natural History Museum, London / Dan Sykes (b); 62 Rex by Shutterstock: AP (b). Wellcome Collection: Thomas S.G. Farnetti (t); 63 Alamy Stock Photo: Kypros (tr). Getty Images: AFP / Siese Veenstra (cr). Wellcome Collection: Thomas S.G. Farnetti (bl). York Castle Museum: (br); 64-65 Alamy Stock Photo: The Natural History Museum, London (b); 65 Getty Images: AFP / Carl de Souza (tl); 66 The Trustees of the Natural History Museum, London: (l); 67 CNET: Andrew Hoyle; 68 Courtesy of Smithsonian. © 2020 Smithsonian: (t). Getty Images: Universal Images Group / Andia (b); 69 © AMNH: Photo by D. Finnin. With permission of George Dante (tr). Horniman Museum and Gardens: NH.H.44 (cr). Courtesy of UCL Grant Museum: © Tony Slade, UCL Digital Media (br); 70 National Public Radio: John Poole (l); 71 Anzenberger Agency: Klaus Pichler; 72 Courtesy of Smithsonian. © 2020 Smithsonian: Chip Clark; 73 The Trustees of the Natural History Museum, London: ®; 74 Reuters: Sergei Karpukhin (l); 75 Courtesy of Smithsonian. © 2020 Smithsonian.; 76 Alamy Stock Photo: Mervyn Rees (l); 77 Alamy Stock Photo: csimagebase (l); 78 Alamy Stock Photo: Danita Delimont (tr); Hackenberg-Photo-Cologne (br). Sulabh International Museum of Toilets: (bl); 79 Dreamstime.com: Azmil Aminudin (b). Getty Images: John S Lander (cr). Rex by Shutterstock: EPA / How Hwee Young (tl); 82-83 Courtesy of the Penn Museum, Philadelphia, USA: Tom Stanley (t); 82 Rex by Shutterstock: Xinhua (b); 83 Getty Images: AFP / Khaled Desouki (b); 84 Getty Images: Matt Jonas / Digital First Media / Boulder Daily Camera (b). NASA: (l); 85 Courtesy of Smithsonian. © 2020 Smithsonian; 86 eyevine: Redux / Andrew Cutraro (l); 87 Courtesy of Smithsonian. © 2020 Smithsonian; 88 © Mary Rose Trust; 89 Alamy Stock Photo: Stephen Foote (bc/comb). Candis / Newhall Publishing Ltd: Paul Groom (cb, br). © Mary Rose Trust: (bl, bc); 90 Getty Images: View Pictures (bl); 91 Candis / Newhall Publishing Ltd: Paul Groom; 92 Science Photo Library: Patrick Landmann; 93 RMN: Photo © Paris - Musée de l'Armée, Dist. RMN-Grand Palais / Emilie Cambier (tl). Science Photo Library: Patrick Landmann (tr, bc, br); 94 © Museum of London; 95 © Antarctic Heritage Trust, nzaht.org: (tr, cr, br); 96 Alamy Stock Photo: The Natural History Museum, London (t). Getty Images: Leonid Eremeychuk (b); 97 Courtesy of A.M. Art Conservation with permission of the Rubin Museum of Art: (tl). Alamy Stock Photo: Jolanta Dąbrowska (bc). Getty Images: Suzanne Kreiter / The Boston Globe (tr). USDA Forest Service (www.forestryimages.org): Clemson University (br, bl); 98 Courtesy of Smithsonian. © 2020 Smithsonian; 100-101 Getty Images: Anadolu Agency ©; 100 Alamy Stock Photo: Michael Brooks (bl). Getty Images: Werner Forman / Universal Images Group (br); 101 © 2019 Kulturhistorisk museum,: UiO / CC BY-SA 4.0 (cl, cla). Getty Images: Photo12 (tc); 102 © The Trustees of the British Museum. All rights reserved: (tl, cl). Malcolm Fairley Ltd: ®; 103 © The Trustees of the British Museum. All rights reserved; 104 Alamy Stock Photo: Paul Boyes (l). ARTIS-Micropia, Amsterdam: Meike Hansen (cb); Maarten van der Wal (bc). Hoosesagg Museum: Dagmar Vergeat (tr); 105 Alamy Stock Photo: Eddie Gerald (tr); Marcin Rogozinski (tl, cla). Courtesy Mmuseumm, New York: (b). Courtesy Mykola Syadristy, Microminiatures Museum, Kiev: (cra); 106 Courtesy of the Royal Alberta Museum; 107 Courtesy of the Penn Museum, Philadelphia, USA: Julianna Whalen (tr). Rex by Shutterstock: Nti Media Ltd (bl). TopFoto.co.uk: National Pictures (br); 108 Robert Harding Picture Library: John Ross; 109 Getty Images: AFP / Khaled Desouki (br); Hulton Archive / Harry Burton (l); 110 Getty Images: AFP / Alberto Pizzoli (cb). Press Association Images: Roma / IPA MilestoneMedia (t, b); Eric Vandeville / ABACA ©; 111 Getty Images: AFP / Alberto Pizzoli (b, tr). Press Association Images: Eric Vandeville / ABACA (tl); 112 Alamy Stock Photo: Ian Dagnall Commercial Collection; 113 Getty Images: Underwood Archives (br). Courtesy The Henry Ford: (ca). IAM, International Association of Machinists and Aerospace Workers: (cb); 116-117 Universal Features Agency: Oscar Nilsson; 118 Liebieghaus Skulpturensammlung; 119 Alamy Stock Photo: Image Professionals GmbH (tr). Liebieghaus Skulpturensammlung: (l, cr, br); 120 © The Trustees of the British Museum. All rights reserved: (bl, br). Getty Images: Fine Art (cl); 121 © The Trustees of the British Museum. All rights reserved: (bl, r). Shutterstock: Eileen Tweedy (tl); 122-123 Science Photo Library: Pasquale Sorrentino; 124 Getty Images: AFP / Pierre Andrieu (l); 125 Getty Images: AFP / Mehdi Fedouach (tr); Patrick Aventurier (b). Rex by Shutterstock: Rodolphe Escher / Jdd / Sipa (tl); 126-127 Mike Hettwer www.hettwer.com; 130-131 Getty Images: AFP / Jeff Pachoud (t); 130 Courtesy of Smithsonian. © 2020 Smithsonian (b); 131 © The Postal Museum, London: (b); 132 Getty Images: Anne Frank Fonds Basel; 132-133 Getty Images: Anne Frank Fonds Basel (t); 133 Meyvaert Museum www.meyvaert.com (b); 134 Senckenberg: (t, bl); 135 Senckenberg: (tr, b); Tränkner (tl); 136 © MESO: (l); 137 Alamy Stock Photo: Xinhua; 138 © The Field Museum: Photo by John Weinstein. Aaron Delehanty painting the hyena diorama. (l, r); 139 © Field Museum: Photo by John Weinstein. GN92214_007Bd; 140 Naturalis Biodiversity Center: (bl). Servaas Neijens: (tl). Rex by Shutterstock: Marten Van Dijl / EPA (cl); 141 Getty Images: AFP / Bart Maat; 142 Getty Images: Jeff J Mitchell (cl, bl); 143 Martin Shields Photography; 144-145 Camera Press: Alberto Bernasconi / laif (t); 145 Getty Images: NurPhoto (b); 146 Getty Images: Jens Schlueter; 147 Getty Images: Jens Schlueter (cr). Press Association Images: Sebastian Kahnert / DPA (tr); Robert Michael / DPA (br). Photo Scala, Florence: bpk, Bildagentur fuer Kunst, Kultur und Geschichte, Berlin (l); 148 Alamy Stock Photo: Markus Braun (l); Nikreates (br). Dreamstime.com: Jingaiping (tr); 149 Alamy Stock Photo: Riccardo Bianchini (b); Giulio Di Gregorio (tl); Grant Rooney Premium (tr); 150 Gallery Stock: Brian Doben (l); 151 Courtesy of Smithsonian. © 2020 Smithsonian; 152 Alamy Stock Photo: ZUMA Press, Inc. (l); 153 Alamy Stock Photo: dpa picture alliance; 154 Alamy Stock Photo: NASA; 155 Getty Images: New York Daily News Archive (cr); Spencer Platt (cl). Tom Kaminski, WCBS Newsradio 880: (bl, br).

Cover images: Front: Alamy Stock Photo: picturelibrary c, Tony Tallec c/ (Keyhole shelving background); iStockphoto.com: omersukrugoksu (tl, tr), ShutterWorx c/ (Keyhole texture), Orlova Svetlana c/ (keyhole background); Back: CNET: Andrew Hoyle (tl); Courtesy of Smithsonian. © 2020 Smithsonian: Chip Clark (bl); iStockphoto.com: Orlova Svetlana (Triangle background); Robert Harding Picture Library: John Ross (cr).

Endpaper images: iStockphoto.com: omersukrugoksu.

All other images © Dorling Kindersley

For further information see: www.dkimages.com.